AXEL PETER JANIEC

WAS

DIR NIEMAND

SAGT, ABER

JEDER WISSEN

SOLLTE

33 AUGENÖFFNER FÜR DEN ALLTAG

IMPRESSUM

1. Auflage 2024

Copyright © 2024 Axel Peter Janiec

Die Inhalte in diesem Buch stehen in keinem Bezug zu konkreten Organisationen, Unternehmen, Teams oder Personen. Ähnlichkeiten mit lebenden oder toten Personen sind rein zufällig.

Das Werk einschließlich aller seiner Teile ist urheberrechtlich geschützt. Alle Rechte vorbehalten einschließlich der Vervielfältigung, Übersetzung, Mikroverfilmung sowie Einspeicherung und Verarbeitung in elektronischen Systemen.

Die automatisierte Analyse des Werkes, um daraus Informationen insbesondere über Muster, Trends und Korrelationen gemäß §44b UrhG („Text und Data Mining") zu gewinnen, ist untersagt.

ISBN: 979-8879370898
Cover design by: Axel Peter Janiec
Independently published

INHALT

Für Nea

VORWORT

Ich wünschte mir, mich hätte jemand zur Seite genommen und mir die Inhalte aus diesem Buch erklärt - in Ruhe und auf den Punkt, ohne abzuschweifen.

Der Ursprung zu diesem Buch war eine Unterhaltung mit meiner Frau. Wir sprachen darüber, dass es wichtige Zusammenhänge gibt, die einem irgendwie niemand so richtig erklärt. Hier sind genau die Themen gesammelt, die sonst so nirgendwo in dieser Dichte zusammengestellt sind. Manche Erkenntnisse mögen einigen bereits bekannt sein. In anderen Situationen bedeuten sie völlige Paradigmenwechsel und neue Perspektiven für die eigene Entscheidungsfindung. Dieses Buch ist eine strukturierte Sammlung von Erkenntnissen und Zusammenhängen, die ich gerne früher gekannt hätte. Es ist eine Art Kompendium für den Alltag. Übergreifend zusammengestellt aus System- und Spieltheorie, Soziologie, Psychologie und gelebter Praxis.

Dieses Buch muss nicht am Stück gelesen werden. Jedes Kapitel steht für sich, auch wenn es in einer absichtlichen Reihenfolge vorkommt. Es ist ein Buch zum immer wieder Aufnehmen und Nachblättern.

Die 33 Impulse in diesem Buch sind als Absprungspunkt zum tieferen Einsteigen und genauerem Nachdenken gedacht. Obwohl dieses Buch keinen wissenschaftlichen Anspruch hat, sind an geeigneten Stellen Quellen genannt, die ein weiteres Einlesen in die entsprechenden Themen ermöglichen.

Je stärker eine These, desto eher fragt sie nach einer Gegenthese. Die Erkenntnisse in diesem Buch sind als starke Thesen formuliert, weil wir so dazu angeregt werden, uns mit ihnen auseinanderzusetzen.

Ich wünsche dem geneigten Leser viel Spaß beim Nachdenken und Diskutieren.

WELT VERSTEHEN

1

WIR MACHEN ALLES NUR FÜR UNS SELBST

Siehst du dich von Zeit zu Zeit gerne als selbstlos, uneigennützig - als Altruisten, der anderen aufopfernd hilft, ohne etwas dafür zu bekommen? Willkommen im Klub! Wir alle mögen diese Eigenschaften, da wir glauben, dass die Welt ohne Selbstlosigkeit eine Ansammlung unerträglicher Egoisten sei. Achtung, jetzt kommt eine harte Wahrheit: Alles, was wir tun - und die vermeintlich aufopfernden, selbstlosen Handlungen allen voran - tun wir immer nur für uns selbst.

Stell dir vor, du gehst im Winter an einem zugefrorenen See bei bitterlicher Kälte alleine spazieren. Du siehst ein Kind auf dem Eis laufen, als es plötzlich in das eiskalte Wasser einbricht und zu ertrinken droht. Weit und breit ist kein anderer Mensch zu sehen. Was tust du jetzt und warum?

Wenn du so tickst wie die meisten Menschen, wirst du versuchen, es zu retten. Doch warum? Springst du in das eiskalte Wasser und begibst dich selbst in Lebensgefahr des Kindes wegen? Nein! Dein wahrer Beweggrund ist das schlechte Gewissen, das du den Rest deines Lebens mit dir herumtragen würdest, wenn du nicht geholfen hättest - schließlich hast du es mitbekommen und warst die einzige Person in der Nähe.

Falls du jetzt denkst: "Nein! Ich würde einzig und alleine aus Nächstenliebe helfen und es nur für das Kind tun", ist folgender realer Fall aufschlussreich:

1989 brachen im Olympiasee in München 3 Jungen im Eis ein und ertranken. 20 Passanten schauten eine halbe Stunde lang untätig dabei zu und das, obwohl der See nur 1,10 Meter tief war. Wie kann so etwas passieren, obwohl wir uns alle gerne als selbstlose Helfer sehen?

In Notfallsituationen ist die Anwesenheit anderer Menschen aus zwei Gründen ein Hindernisfaktor.

1. Pluralistische Ignoranz: Eine Beobachtung aus der Sozialpsychologie. Jeder einzelne Beobachter nimmt an, es bestünde kein Notfall, da kein anderer Beobachter betroffen wirkt oder Anzeichen von

Panik zeigt. Also schon beim Beobachten von Notlagen anderer hält unser altruistisches Selbstbild nicht stand.

2. Verantwortungsdiffusion: Eine Erkenntnis aus der Psychologie, die besagt, dass die Anwesenheit vieler Zeugen die Chance verringert, dass jemand handelt. Jeder denkt sich: "Warum sollte ausgerechnet ich helfen, es sind doch genug andere Menschen hier". Unsere vermeintliche Selbstlosigkeit endet also spätestens da, wo auch viele andere helfen könnten.

Sind andere Menschen bei einem Notfall zugegen, müssen wir uns später keinen Vorwurf machen, nicht geholfen zu haben, da ja andere anwesend waren, die auch hätten helfen können. Es geht uns um das eigene Empfinden, das eigene Gewissen - nicht um die Person, der wir helfen könnten. Es geht uns also im Kern nur um uns.

Nicht falsch verstehen - nach Altruismus, Selbstlosigkeit und Nächstenliebe zu streben ist für uns als Gesellschaft und für uns individuell immer nur zuträglich. Es sind Ideale. Aber mehr auch nicht. In vielen Religionen und spirituellen Lehren ist die Überwindung des Egos ein zentrales Element. Doch nur Tote scheinen dies wirklich erreicht zu haben. Ein Mensch ohne Ego - eine selbstlose Person im wahrsten Sinne des Wortes - würde schlicht nicht überleben. Denn um unser Überleben zu sichern, ist mindestens eine gewisse Form des "an mich selbst denken" notwendig. Eine Annäherung zu Selbstlosigkeit ist zu Lebzeiten vielleicht möglich, im Kern tun wir jedoch alles nur für uns selbst.

Es muss nicht unbedingt um Leben und Tod gehen, um zu verstehen, dass wir hauptsächlich für uns selbst handeln. Nehmen wir zum Beispiel das Schenken. Tun wir das nicht ausschließlich für den Beschenkten? Schließlich bekommt die Person ja etwas von uns und nicht umgekehrt - oder? Was ist mit dem Gefühl, jemandem eine Freude bereitet zu haben; das Gefühl, spendabel zu sein; das Gefühl, jemandem etwas Gutes zu tun; vielleicht auch das Gefühl, gebraucht zu werden? All diese Empfindungen erlebt nur der Schenkende, nicht der Beschenkte. Und wenn wir in einem starken Moment ehrlich zu uns sein können, dann können wir erkennen, dass es ausschließlich die Jagd nach diesen Emotionen ist, die uns motiviert, zu schenken. Könnten wir diese Wohlgefühle als Folge des Schenkens nicht erwarten, hätten wir überhaupt keine Motivation zu handeln - in diesem Falle zu schenken. Kinder wissen das übrigens noch ganz genau. Schenkt man kleinen Kindern etwas, nehmen sie es an, freuen sich und sprechen kein Danke aus - warum auch? "Die dicke Tante hat sich doch gefreut, als sie mir den Teddy geschenkt hat." denkt sich das Kind. Erst durch Erziehung werden Kinder dann darauf trainiert, sich zu bedanken. Wozu sie unterbewusst noch einen Zugang haben, was sie aber nicht artikulieren können: "Warum soll ich mich jetzt dafür bedanken, dass sie sich selbst eine Freude beschert hat? Eigentlich müsste es umgekehrt sein - sie darf sich bei mir bedanken, dass ich als Mittel zum Zweck für ihre Bedürfnisbefriedigung zur Verfügung stand." Und in der Tat ist es genauso. Die Schenkende hat ihr Ziel erreicht, da sie sich spendabel fühlt und ihren Wunsch danach befriedigt hat, einen Einfluss auf das Leben des Kindes genommen zu haben. Das obligatorische Danke ist nichts anderes als zusätzliche Tanten-Ego-Streichelei - und da machen Kinder ungern mit.

Wir halten jemandem die Tür auf, damit wir uns höflich, respektvoll oder zuvorkommend fühlen können - oder weil wir auf andere so wirken wollen. Wir tun es nicht, um der Person das Eintreten zu erleichtern.

Wir engagieren uns für wohltätige Zwecke, damit wir uns barmherzig und gütig fühlen können - oder weil wir auf andere so wirken wollen. Wir tun es nicht, um anderen Personen zu helfen. Oder warum sollten Menschen sonst überhaupt darüber sprechen, dass sie etwas spenden oder gar eine Stiftung nach sich selbst benennen? Im Grunde ein großer Ego-Trip.

Auch Kinder bekommen wir nicht, weil wir selbstlose Hüllen sind, die den Fortbestand der Menschheit retten wollen. Wir bekommen Kinder, weil wir sie in unserem Leben haben wollen; weil wir die Rolle von Mutter oder Vater durchleben möchten; weil wir etwas schaffen möchten, was nach uns weiterlebt. Es gibt immer wieder Eltern, die ihren Kindern im Alter vorwerfen, sie würden sich nicht genug um sie kümmern, und das, obwohl sie ja auf so vieles in ihrem eigenen Leben verzichtet hätten, um sie großzuziehen. Zur Erinnerung: Eltern werden wir für uns selbst, nicht für unsere Kinder. Unsere Kinder sind uns folglich auch nichts schuldig. Und wer Kinder bekommt, um im Alter versorgt zu sein, bestätigt doch nur, dass wir alles nur für uns selbst tun.

Die stellenweise harsch klingende Erkenntnis, dass wir die Dinge immer nur für uns selbst tun, ist sehr wertvoll. Sie befreit uns von der Erwartung, dass uns irgendjemand etwas schuldig ist - oder wir umgekehrt in der Schuld anderer stehen. Tue ich das, was ich tue, immer in vollem Bewusstsein, dass ich es im Grunde immer nur für mich selbst tue, kann ich auch von niemandem etwas im Gegenzug erwarten. In Handelsbeziehungen macht Reziprozität - also: Ich gebe etwas und erwarte dafür etwas zurück - natürlich Sinn. Hier sind dagegen die Situationen gemeint, in denen ich etwas tue und unausgesprochen die Erwartung habe, im Gegenzug etwas zurückzubekommen, weil ich es vermeintlich nur für die andere Person getan habe. Wir wissen spätestens jetzt, dass das nicht stimmt. Übrigens bekommen wir tatsächlich etwas wieder, wenn wir vermeintlich etwas nur für andere tun - nämlich mindestens das Gefühl, etwas für andere getan zu haben. Hierin liegt unsere einzige wahre Motivation.

Enttäuschung setzt Erwartung voraus. Du wirst in deinem Leben weniger enttäuscht, wenn du für deine Aktionen keine Gegenleistungen erwartest, da du deine Handlungen für dich ausübst und hierin schon die Belohnung liegt.

ESSENZ: Alles, was wir im Leben tun, tun wir immer nur für uns selbst. Diese Erkenntnis ist befreiend, da sie uns von den eigenen und den Erwartungen anderer befreit. Das heißt nicht, rücksichtslos durch die Welt zu gehen, sondern viel eher die Illusion zu durchschauen, ein selbstloser Mensch sein zu können. Sind wir uns unserer wahren Motive bewusst, können wir unser Leben frei von Erwartung und Enttäuschung gestalten.

Wann hast du das Gefühl, etwas nur für andere zu tun?
Welches Ziel verfolgst du damit eigentlich?

2

NICHTS IST OHNE SEIN GEGENTEIL WAHR

Ich sitze an einem Tisch in einem lichtdurchfluteten Raum bei einem Vorstellungsgespräch. Vor mir der seniore Geschäftsführer eines eigentümergeführten Unternehmens - ein echter Silberrücken. Im Laufe der Unterhaltung sage ich: „Ich mag Prozesse, aber mir ist großer Gestaltungsspielraum sehr wichtig". Daraufhin der Silberrücken: „Das klingt aber jetzt paradox". Mir wird heiß und kalt und ich denke: „Das war's… das Gespräch hast du in den Sand gesetzt". Noch während ich fieberhaft in meinem aufgeregten Kopf nach einer plausiblen Erklärung für den Widerspruch suche, führt der Geschäftsführer fort: „Na ja, Gegensätze sind etwas völlig Normales".

Ich war geschockt von dieser Ansicht. Aus meiner Zeit als Unternehmensberater war ich darauf getrimmt, jeglichen Widerspruch sofort zu erkennen. Konträre Aussagen und Ungereimtheiten innerhalb eines Zusammenhangs galt es für mich immer zu durchdringen. Sie mussten aufgelöst werden, um ein Argument besser verständlich zu machen.

Und hier - in meinem Vorstellungsgespräch - wird mir die Perspektive eröffnet, dass Polarität und Gegensätze sogar in unserem eigenen Charakter und Handeln ihre Daseinsberechtigung haben. Neben einem Job habe ich aus dem Gespräch vor allem diese Erkenntnis mitgenommen. Anstelle von purer Stringenz dürfen Gegenpole existieren, ohne dass die Plausibilität der Sache angezweifelt werden muss, denn nichts ist ohne sein Gegenteil wahr.

Das gilt auch für unser Inneres. Das Zulassen von Gegensätzen wird in der Psychologie auch als Ambivalenztoleranz bezeichnet. Im Zuge unserer Entwicklung lernen wir im Kindesalter Ambivalenzen in unserer Gedanken- und Gefühlswelt auszuhalten. Unsere Wahrnehmung wandelt sich von "Schwarz-Weiß-Tobsuchtsanfall" zu einem Zustand, in dem wir auch widersprüchliche Gefühle in uns bis zu einem gewissen Grad akzeptieren. Die Fähigkeit, mit Widersprüchen in uns selbst umzugehen, ist ein Zeichen für Reife und Stärke.[1] Was für unsere Gefühlswelt gilt, lässt sich hier auch auf unsere Umwelt übertragen:

Ohne Ebbe keine Flut; ohne Norden kein Süden und ohne Laut kein Leise. Die Welt besteht aus Gegenpolen, die ohne einander nicht existieren könnten. Oppositionen sind etwas völlig Normales.

Auch unsere Wahrnehmung ist von Kontrasten abhängig. Ohne das Konzept von Helligkeit würden wir das Konzept Dunkelheit nicht verstehen. Je stärker die Unterschiede, desto besser können wir sie wahrnehmen. Schwarz erkennen wir am besten vor Weiß.

Das eine bedingt also das andere. Das heißt nicht unbedingt, dass dieser Zusammenhang kausal sein muss. Klingt hochtrabend, ich weiß. Ein Beispiel macht es besser verständlich: Ohne Krieg gibt es keinen Frieden. Dieser Satz stimmt in dem Sinne, dass es ohne ein Konzept von Krieg auch keine Wahrnehmung für Frieden geben kann. Was der Satz jedoch nicht sagt, ist, dass Krieg unbedingte Voraussetzung für Frieden ist. Oder anders gesagt, es muss nirgendwo akut Krieg herrschen, damit irgendwo anders Frieden sein kann. Es muss jedoch irgendwo mal den Zustand Krieg gegeben haben, um Frieden begreifen zu können.

In manchen Fällen gibt es Dinge, die tatsächlich für ihr Gegenstück Voraussetzung sind. Um anspannen zu können, muss ich z. B. entspannen (siehe Kapitel 11). Das gilt ganz grundsätzlich und wird darüber hinaus auch im Kleinen bewusst genutzt. Profitrompeter atmen möglichst entspannt ein, um dann gezielt und mit Druck ausatmen zu können, wenn sie besonders hohe und laute Stellen spielen. Ein weiteres Beispiel bilden Berg und Tal. Damit wir irgendwo von einer Erhöhung sprechen können, muss an anderer Stelle auch eine Vertiefung gegeben sein. Die Höhe des Berges steht in direktem Verhältnis zur Tiefe des Tals. Die Begriffe bedingen sich gegenseitig.

Die Erkenntnis, dass nichts ohne sein Gegenteil wahr ist, kann folgende Implikationen für uns haben:

1. Einseitigkeit bewusst ausleben

Wann immer wir uns im Leben nur eine Seite der Medaille wünschen, dürfen wir aufmerksam werden. In allem immer nur zu gewinnen, geht schlicht und ergreifend nicht. Für eine gewisse Zeit und in einem bestimmten Lebensbereich vielleicht schon, doch nur zu dem Preis in anderen Bereichen Abstriche machen zu müssen. Wir können nicht permanent auf der Sonnenseite des Lebens stehen. Immer Sonne macht die Wüste. Daher dürfen wir genau hinschauen, wenn wir etwas ausschließlich ohne sein Gegenstück anstreben.

2. Paradoxien stehen lassen können

Haben wir verstanden, dass die Dinge auf dieser Welt polar sind, können wir vermeintliche Widersprüche in uns selbst und anderen leichter zulassen. Jemand ist nicht unglaubwürdig, weil er Gegensätze auslebt. Eine Freundin hört hauptsächlich ruhige klassische Musik, gönnt sich ab und zu aber auch die volle Dröhnung Heavy Metal. Eigentlich ist das nicht der Rede wert. Doch unser Hirn mag Stabilität und Einfachheit. Für uns wäre die Welt nun mal einfacher, wenn jeder ganz stringent nur für eine Sache stünde. Anstatt uns einzugestehen, dass wir Polarität im Charakter anderer hinnehmen dürfen, wählt unser Denkapparat den einfacheren Weg und sieht das Gegenüber kritisch. Akzeptieren wir Widersprüche im Charakter und Leben von unserem Umfeld, machen wir uns für neue Möglichkeiten in unseren Beziehungen auf - auch in der zu uns selbst.

Nicht nur in Menschen, sondern auch bei Argumenten und Sachverhalten dürfen Paradoxien existieren. Stellt dir jemand die Idee für ein neues Projekt vor und zeigt hierbei neben den positiven Effekten auch die negativen auf, ist das ein gutes Zeichen. Die Person hat sich umfassende Gedanken gemacht und verstanden, dass es immer zwei Seiten einer Medaille gibt. Werden uns auch die Schwächen einer Idee erklärt, ist dies an sich tatsächlich eine Stärke, denn hier wurden sich ganzheitlich Gedanken gemacht. Werden mehrere Seiten von etwas beleuchtet, dann ist es wahrscheinlich, dass wir auf Gegenpole reagieren und sie verarbeiten können. Ausnahme sind Sachverhalte, in denen es auf Widerspruchsfreiheit ankommt, wie z. B. bei Zeugenaussagen vor Gericht.

3. Zielzustand über das Gegenteil erreichen

Wollen wir einen bestimmten Zustand im Leben erreichen, kann der Weg dorthin genau im Gegenteil liegen. Willst du beispielsweise eine Fähigkeit schnell und spielerisch abrufen können, liegt der Weg hierhin im langsamen und gewissenhaften Training (siehe Kapitel 19). "Go slow to go fast" heißt es im Englischen. Kampfjets funktionieren nach demselben Muster. Damit ein Kampfjet innerhalb weniger Sekunden abheben und dann mit Überschallgeschwindigkeit durch die Luft knallen kann, mussten zur Konstruktion vorher monatelang minutiös Pläne geschmiedet und Teile präzise gefertigt werden, die dann in Ruhe zusammengebaut wurden. Platt gesagt: Was nach Rock 'n' Roll aussieht, benötigt im Kern eine gewisse Spießigkeit.

Ein weiteres Beispiel hierfür ist der Wunsch nach Freiheit im Leben. Paradoxerweise ist der Weg hierhin die Einschränkung, denn nur ein diszipliniertes Leben ist ein freies Leben. Finanzielle Freiheit erreiche ich durch das Kontrollieren meiner Einnahmen und das Zügeln meiner Ausgaben. Körperlich bleibe ich dann lange unabhängig, wenn ich bis ins hohe Alter fit bleibe. Hierzu muss ich meinen Appetit im Griff haben und Dinge tun, die nicht immer nur Spaß machen, wie z. B. ausgewogen essen und mich regelmäßig sportlich betätigen. All das ist offensichtlich stark vereinfacht dargestellt, im Kern trifft es aber den Punkt: Freiheit lässt sich nicht durch totale Kontrolllosigkeit erreichen.

ESSENZ: Nichts ist ohne sein Gegenteil wahr. Polarität ist etwas Natürliches und findet sich daher überall - auch in uns selbst. Auch wenn eine Sache die andere bedingt, heißt das nicht unbedingt, dass dieser Zusammenhang kausal sein muss. Einseitigkeit dürfen wir bewusst leben, da es immer auch die andere Seite der Medaille gibt. Widersprüche können wir in Menschen und Situationen einfach gelten lassen und Zielzustände lassen sich meist über das Gegenteil erreichen.

Kennst du jemanden, der immer nur auf der Sonnenseite stehen möchte?
In welchem Lebensbereich bist du dieser jemand?

3

REALITÄT IST SUBJEKTIV

Wir alle leben in unserer eigenen Welt. Jeder von uns nimmt die Realität durch eigene Wahrnehmungsfilter wahr, da wir ohne diese Filter die Vielzahl an Wahrnehmungsreizen nicht verarbeiten könnten. Hierhinter steckt der Grundsatz "The map is not the territory" - die Landkarte ist nicht das Gelände.[2] Eine Landkarte kann immer nur eine Annäherung an die tatsächliche Landschaft abbilden, da sie nie so detailliert und aktuell sein kann, wie es das echte Gelände ist. Wir haben im übertragenen Sinne alle bloß eine Landkarte von der Realität im Kopf. Jeder hat diese Karte auf seine eigene Weise erstellt. Und wir nutzen unsere eigenen Filter beim Kartografieren. Die eine nimmt Details in der Umwelt wahr, die ein anderer gar nicht bemerkt hat. Für die eine sind die Arbeitskollegen eine Gruppe motivierter und interessanter Menschen, für den anderen sind dieselben Kollegen alle unfähige Nieten. Beides ist Realität. Wir nehmen die Dinge also nicht so wahr, wie sie tatsächlich sind, sondern so, wie wir sie intern repräsentieren.

Die eigene Wahrnehmung ist für jeden für uns tatsächlich Realität - aber nicht nur im übertragenen Sinne, sondern ganz konkret: emotionale und hormonelle Realität. Menschen, die irrationale Ängste haben, erleben diese absolut real. Die Angst vor einem Monster unter dem Bett ist bei Kindern physiologisch messbar: Produktion bestimmter Hormone, erhöhter Blutdruck, beschleunigter Herzschlag, größeres Atemvolumen. Selbes gilt für Erwachsene, die nachts Angst haben, ein Fremder könnte im Schrank stehen - irrational, aber im eigenen Kopf völlig real. Anders gesagt: Wahrnehmung ist Realität - Perception is reality.

Noch nicht überzeugt? Hier eine andere Perspektive:

Das Organ, in dem Realität konstruiert wird, sitzt in einem abgeschotteten Raum, geschützt von unseren Schädelknochen. Unser Gehirn sieht kein direktes Licht, es wird keinen Gerüchen ausgesetzt, wird nie unmittelbar von etwas berührt. All diese Reize werden von anderen Sinnesorganen wahrgenommen und dann ans Hirn zur Weiterverarbeitung gegeben. Haut, Augen, Ohren, Mund und Nase werden mit der Realität konfrontiert - unser Gehirn bereitet diese danach auf. Und diese Aufbereitung passiert bei jedem etwas anders und das sozusagen hinter verschlossenen Türen.

Was ist denn dann mit unumstößlichen Wahrheiten? Was ist mit Wissenschaft?

Der Brockhaus definiert Wissenschaft als "das jeweils historisch, sozial oder sonst wie kollektiv bezogene System menschlichen Wissens, das nach je spezifischen Kriterien erhoben, gesammelt, aufbewahrt, gelehrt und tradiert wird …". Klingt kompliziert. Einfach gesagt ist Wissenschaft immer nur der letzte Stand des Irrtums. Es ist für die jeweilige Epoche die kollektive Definition von Realität. Bis eine neue Zeit, neue Methoden und neues angrenzendes Wissen neue Erkenntnisse bringt - den nächsten, letzten Stand des Irrtums. Aussagen darüber, ob es eine echte Realität tatsächlich gibt, sind vor diesem Hintergrund schlicht nicht möglich. Realität ist zwischen uns Menschen aufgrund unserer begrenzten Wahrnehmungs- und Kommunikationsfähigkeiten nicht vollumfänglich verstehbar - radikaler noch: Sie ist uns überhaupt nicht zugänglich. Selbst Wissenschaft ist also auch nicht das perfekte Abbild einer externen Wirklichkeit, sondern das, worauf wir uns als Gesellschaft einigen. Man spricht hier vom sozialen Konstruktivismus, da wir Realität nicht objektiv wahrnehmen, sondern diese sozial konstruieren. Objektivität ist demnach das, worauf sich viele Individuen einigen - letztlich also eine Art Vereinbarung. Von der Wissenschaftsdefinition inspiriert und auf den Punkt gebracht: Das, was wir umgangssprachlich als Realität verstehen, ist nicht mehr als das, was wir in unserer jeweiligen Epoche kollektiv als solche definieren - nicht, was wirklich Realität ist.

Heißt das jetzt, dass Wissenschaft Quatsch ist, weil wir die Realität sowieso subjektiv sehen? Nein! Wissenschaftliche Erkenntnisgewinnung ist ohne den kleinsten Zweifel eine der wichtigsten Fähigkeiten der Menschheit. Wir brauchen gewisse Erkenntnisse als Eckpfeiler, weil sie uns Orientierung geben. Wir irren uns letztlich jedoch immer nur empor - und das ist in Ordnung. Wir haben schlicht kein anderes verlässliches Werkzeug, um uns unsere Umwelt zu erschließen. Bezogen auf unsere Landkarte vom Anfang: Alle Theorien, Beispiele und Modelle sind angreifbar und in gewisser Weise falsch, wenn man nur tief genug einsteigt, da die wahre Welt nun mal unendlich detailliert ist. Wir können überall weiterforschen und stetig versuchen, die Landkarte der Wirklichkeit anzugleichen - genau das ist die nie endende Aufgabe von Wissenschaft. Zu verstehen, dass diese Landkarte jedoch nie der Wirklichkeit entsprechen wird, befreit uns von der Illusion Realität seie objektiv.

Worüber wir hier sprechen, ist radikaler Konstruktivismus - eine Haltung, die es sich lohnt, einmal einzunehmen. Ein radikaler Konstruktivist geht davon aus, dass Realität von jedem Individuum konstruiert wird und somit völlig - also radikal - subjektiv ist. Das liegt daran, dass jeder eine einzigartige Kombination aus Sinnesorganen, Gedächtnisleistung und Erfahrungen hat. Wir können also keine Realität konstruieren, die dann unabhängig von uns selbst bestehen kann, da sie an unsere individuelle Wahrnehmungsverarbeitung gekoppelt ist.

Diese Geisteshaltung ist ein absoluter Game-Changer, weil du Menschen wirklich mit ihren Überzeugungen so akzeptieren kannst, wie sie sind, ohne sie von deiner Meinung oder Wahrheit überzeugen zu müssen. Wenn wir verstehen, dass jeder in seiner eigenen berechtigten Welt lebt, können wir andere Ansichten als solche stehen lassen und unseren eigenen Horizont erweitern. Die Floskel "Agree to disagree" lässt sich als radikaler Konstruktivist herrlich ausleben. "Wir sind uns einig, dass wir uns uneinig sind", kann ich dann aus tiefem Herzen sagen, wenn ich verstanden habe, dass die eine, objektive Realität für uns Menschen schlicht nicht erfassbar ist.

Du denkst jetzt vielleicht: "Aber es gibt doch Menschen, die offensichtlich an der Realität vorbei leben - Verschwörungstheoretiker zum Beispiel." Wenn es dir so geht wie mir, dann verursacht die Wahrnehmung der Realität mancher Mitmenschen eine mittelschwere Gehirnerschütterung bei dir. Die Grenze zwischen radikalem Konstruktivismus und Verschwörungstheorien ist daher interessant.[3] Sie lässt sich negativ definieren, nämlich über die empirische Falsifikation. Verleugnet jemand, dass es so etwas wie Erdanziehungskraft gibt, kann man diese Hypothese durch Versuche widerlegen. Ist etwas durch vielfache Beobachtungen nachweislich falsch und jemand glaubt immer noch daran, ist das nicht durch radikalen Konstruktivismus begründbar.

Wenn du im ersten Schritt verstanden hast, dass deine Realität subjektiv ist, kannst du dich im nächsten Schritt damit befassen, was deine Repräsentation von Wirklichkeit beeinflusst. Es gibt verschiedene Filtermechanismen, durch die Realität konstruiert werden kann. Hierzu zählen: deine Aufnahmekapazität, Sprache, Glaubenssätze, Werte, Erfahrungen, sowie bevorzugte Denkmuster. Wenn wir diese unbewussten Wahrnehmungsfilter erkennen, können wir Einfluss auf sie nehmen und somit Kontrolle über unser Handeln gewinnen und andere Menschen besser verstehen.

Wir schreiben unseren Beobachtungen Bedeutungen zu - wir interpretieren sie. Wenn wir miteinander über die Wirklichkeit sprechen, beschreiben wir uns im Grunde nur gegenseitig unsere Filtersysteme.

Bis hierhin zu abstrakt?
Besonders offensichtlich wird es bei Gerichtsprozessen. Wenn Realität so eindeutig und klar wäre, bräuchte es keine langen Verfahren mit vielen Zeugenaussagen. Bei Straftaten gibt es häufig Videobeweise, Tonaufnahmen, Tatspuren und Zeugenbefragungen. Nehmen wir mal die raus, die vorsätzlich lügen, bleibt dennoch eine Beobachtung: Augenzeugen berichten von ein und demselben Sachverhalt völlig unterschiedliche Dinge. Sie nehmen selektiv wahr - wegen oben genannter Filtermechanismen. In der Strafverfolgung ist diese Tatsache vor allem bei der Personenidentifikation und Erstellung von Phantombildern lange bekannt. Vier Unfallbeteiligte - vier verschiedene Unfälle. Wir beleuchten Straftaten aus möglichst vielen unterschiedlichen Blickwinkeln, um uns dem, was tatsächlich passiert ist, anzunähern. Wir versuchen also auch hier eine möglichst genaue Landkarte zu zeichnen. Die Art und Weise, wie wir Strafverfolgung betreiben, liefert somit einen klaren Beweis dafür, dass wir unsere individuelle Realität konstruieren.

Was bringen dir diese Impulse? Sie machen dich frei. Diese Erkenntnisse befreien dich davon, andere von "der Wahrheit" überzeugen zu müssen. Außerdem geben sie dir die Freiheit, das Realitätsverständnis anderer nicht unhinterfragt annehmen zu müssen. Das ist nicht realitätsfern, sondern freiheitsstiftend. Denn darum geht es im Kern. Es kommt nicht darauf an, was als Realität definiert ist, sondern darauf, dass du dir eine Realität schaffst, in der du aufblühst - ohne andere Menschen dabei willkürlich einzuschränken.

ESSENZ: Realität ist subjektiv. Wir nehmen unsere Umwelt nur gefiltert wahr und konstruieren daraus unsere eigene Wirklichkeit. Das, was wir umgangssprachlich als Realität verstehen, ist nicht mehr als das, was wir in unserer jeweiligen Epoche kollektiv als solche definieren - nicht, was wirklich Realität ist.

Welchen Einfluss haben deine Sprache, deine Glaubenssätze, deine Werte und deine Erfahrungen und deine bevorzugten Denkmuster auf deine eigene Wahrnehmung?

4

KOMPLIZIERT ODER KOMPLEX ?

Die folgenden Inhalte liegen mir besonders am Herzen, da ich der Meinung bin, dass sie viel ergebnislose Arbeit und Kopfschmerzen verhindern können.

Verschiedene Kontexte verlangen nach verschiedenen Vorgehensweisen, um möglichst erfolgreich sein zu können. So weit, so banal. In vielen Unternehmen, Abteilungen und Teams, aber auch in unserem Privatleben machen wir uns jedoch keine Gedanken darüber, in welchem Kontext wir uns befinden.

Um Klarheit zu erlangen und in ganz konkreten Situationen möglichst erfolgversprechend agieren zu können, macht es Sinn, ein Modell zur Hilfe zu nehmen. Schauen wir uns unsere Welt stark vereinfacht an, lässt sie sich in vier große Kontexte unterteilen. Diese können wir auch als Domänen oder Situationen bezeichnen (je nach Modell, das man sich anschaut[4]). Eines der weniger bekannten, aber umso genialeren Modelle ist das sogenannte Cynefin-Modell von Dave Snowden.[5]

Beginnen wir mit dem ersten Kontext, in dem wir uns befinden können: Einfach. In einfachen Situationen ist jedem klar, was als Nächstes passieren wird bzw. was zu tun ist. Der Zusammenhang zwischen Ursache und Auswirkung ist offensichtlich. Ein Beispiel hierfür wäre z. B. die Frage, was passieren würde, wenn man eine Glasflasche aus 2 Metern Höhe auf Betonboden fallen lässt. Jedem ist klar: Die Flasche wird zerbrechen und der Inhalt auslaufen. Es ist kein besonderes Expertenwissen notwendig und die erfolgversprechendste Herangehensweise ist das Kategorisieren. In einfachen Kontexten gibt es „richtig oder falsch", „gut oder böse", „schwarz oder weiß". Die einfache Domäne ist die Welt von Rezepten und den sogenannten bewährten Praktiken. Möchte ich ein Brot backen, so ist dies eine einfache Problemstellung mit klaren Ursache- und Wirkungsbeziehungen, die jeder versteht und zu der es bewährte Backrezepte gibt.

An dieser Stelle habe ich leider eine schlechte Nachricht für dich: Obwohl wir es uns wünschen und auch oft so tun, bewegen wir uns nur sehr selten in der einfachen Domäne. Anders gesagt: Würdest du dich in deinem beruflichen Kontext nur mit einfachen Situationen konfrontiert sehen, würdest du nicht so gut verdienen, wie du es tust. Die Musik fängt im nächsten Quadranten an zu spielen.

Der nächste Kontext, in dem wir uns bewegen können; die nächste Bühne, auf der wir stehen können, ist: Kompliziert. In einem komplizierten Kontext sind linear-kausale Beziehungen mit der Hilfe von Analyse a-prioi verstehbar – oder vereinfacht ausgedrückt: Ursache-Wirkungsketten sind im Vorhinein zu erkennen – oder noch einfacher ausgedrückt: Hier können wir, bevor etwas passiert, Wenn-dann-Sätze bilden. In diesem Kontext hilft Expertenwissen weiter, da die Zusammenhänge nicht für jeden sofort ersichtlich sind.

Stellen wir uns folgende Situation vor: Du bekommst ein Video von einem Menschen gezeigt, der auf einen kleineren Stein zu rennt und diesen tritt. Exakt in dem Moment, in dem er den Stein mit seinem Fuß berührt, hält das Video an und du sollst nun genau vorhersagen, wo der Stein landen wird. Kannst du das?

Du wirst völlig zu Recht denken, dass dir hier Informationen und vielleicht sogar die nötigen analytischen Werkzeuge fehlen. Genauso ist es auch. Stelle ich weitere umfassende Informationen zur Verfügung (z. B. die spezifische Dichte und geometrische Beschaffenheit des Steins, den Luftdruck im Raum, die Temperatur, das Gewicht des Beins des Menschen etc.) und gebe diese Problemstellung einem Physiker oder Ballistiker, wird dieser in der Lage sein, exakt vorherzusagen, was passieren wird – also, wo der Stein landet. Kurzum: In komplizierten Kontexten ist die erfolgversprechendste Herangehensweise die Expertenanalyse. Im Vergleich zur einfachen Domäne gibt es hier jedoch nicht die eine bewährte Praktik. Hier gibt es bereits mehrere Wege, um erfolgreich zu sein. Man spricht in diesem Kontext von guten Praktiken.

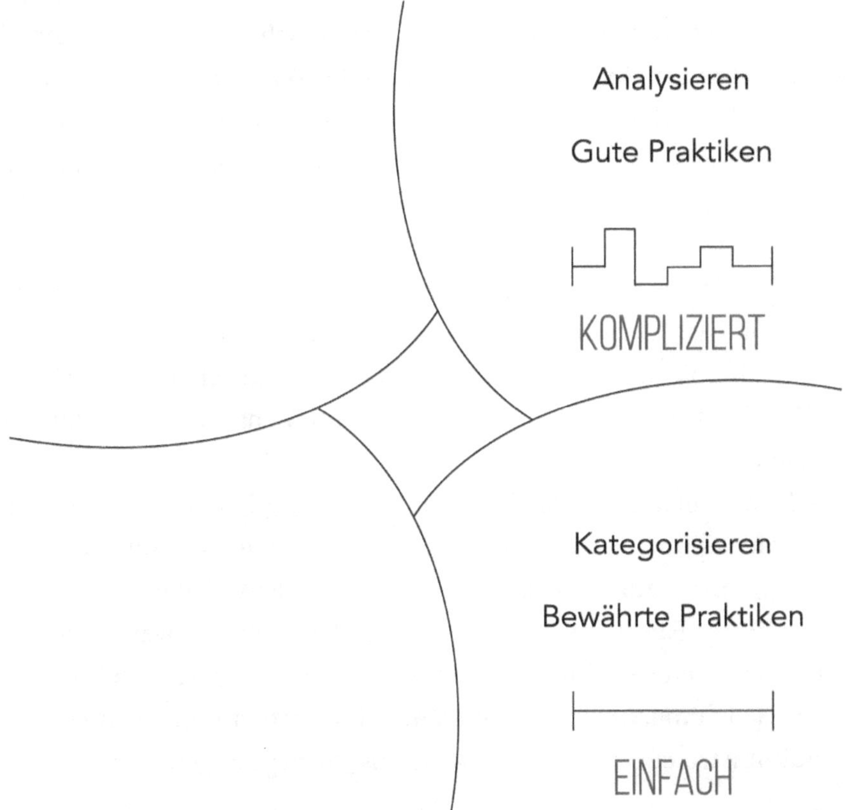

Dort, wo die Unsicherheiten größer werden, kommen wir auf das nächste Spielfeld: komplexe Kontexte. In komplexen Situationen sind linear-kausale Zusammenhänge erst im Nachhinein verstehbar – einfacher gesagt: Ursache-Wirkungs-Ketten sind erst im Nachhinein nachvollziehbar - oder noch simpler ausgedrückt: Hier kann ich im Voraus keine Wenn-dann-Sätze bilden.

Nehmen wir das Beispiel von oben und ändern das dir gezeigte Video ein bisschen ab. Stell die vor, du siehst nun wieder einen Menschen; dieses Mal liegt auf dem Boden jedoch kein Stein, sondern ein … Hund. Ja, du hast richtig gelesen. Und auch dieses Mal rennt ein Mensch in diesem Falle nun auf einen kleinen Hund zu und tritt diesen.[6] Exakt in dem Moment, in dem er den Hund mit seinem Fuß berührt, hält das Video an und du sollst genau vorhersagen, was passieren wird. Kannst du das?

In dieser Situation könnte einiges passieren: Der Hund könnte davonrennen, er könnte zuschnappen oder aber auch durch die Luft fliegen. Wo er genau landen wird, ist jedoch nur sehr schwer vorherzusagen, da sich der Hund in der Luft bewegen könnte. Wir können also in dieser Situation Hypothesen darüber treffen, was passieren könnte, können es jedoch nicht sicher vorhersagen. Wir können Szenarien aufmachen oder mit Heuristiken arbeiten. Sichere Prognosen sind nicht möglich.

In komplexen Zusammenhängen ergeben sich sogenannte emergente Praktiken. Also Vorgehensweisen, die aus sich selbst heraus neu entstehen. Im Beispiel beeinflusst das Verhalten des Menschen das Verhalten des Hundes, was wiederum eine Reaktion im Menschen hervorruft und so weiter.

Alle, die einen Hund als Haustier haben oder hatten, können ja mal ganz konkret überlegen, ob sie sagen könnten, wie ihr Hund reagieren würde, wenn sie auf ihn zulaufen würden, mit dem Ziel in zu treten. Ich glaube, unser Familienhund (ein über 13 Jahre alter Hovawart-Mischling) würde sehr erschrocken gucken – aber wissen tue ich das nicht zu 100 %. Ich müsste es ausprobieren. Ich müsste mit meinem Hund in Interaktion treten, um hier zu Erkenntnissen zu gelangen. Die erfolgversprechendste Vorgehensweise in komplexen Situationen ist das Experimentieren. Hier müssen wir handeln und versuchen, weiterzukommen. Durch Analyse verlieren wir in komplexen Situationen lediglich Zeit.

An dieser Stelle direkt die nächste schlechte Nachricht: Die meisten von uns wurden auf eine bestimmte Art und Weise sozialisiert: Im Kindergarten angefangen, über die Grundschule, in der weiterführenden Schule sowie in Ausbildung und Studium wurde uns ein Mantra gelehrt: „Wenn du nur gut genug analysierst, wirst du zu Erkenntnissen kommen. Das ist auch absolut wahr, jedoch nur in einfachen oder komplizierten Kontexten. Häufig befinden wir uns hingegen in komplexen, manchmal sogar in chaotischen Umfeldern. Und jetzt kommen wir zum springenden Punkt: Wenn wir in komplexen oder chaotischen Kontexten dem Reflex nachgeben, in eine Analyse zu gehen, passiert nur eins: Wir verlieren wertvolle Zeit. Man nennt den Zustand, in den man dann gerät, die Analyse-Paralyse. In komplexen Kontexten – in denen wir uns die meiste Zeit unseres Lebens befinden – dürfen wir ins Handeln kommen, da jegliche Analyse im Vorhinein vergebene Liebesmüh wäre. Wir dürfen die Dinge ausprobieren.

Die Grenze zwischen komplizierten und komplexen Kontexten ist deshalb besonders relevant, da wir uns zwischen diesen beiden Domänen privat und auch geschäftlich häufig bewegen. Befinden wir uns im tiefen Tal der Unbewusstheit und wissen gar nicht, auf welcher Bühne des Lebens wir gerade stehen, ist es uns auch nicht möglich, die richtige Vorgehensweise zu finden – diese ist nämlich kontextspezifisch. In unserer durch Globalisierung und Digitalisierung immer komplexer werdenden Welt ist es von großem Vorteil, sich diesen Unterschieden bewusst zu sein. Wo im vergangenen Jahrhundert vielleicht noch die analytische Lösung komplizierter Herausforderungen Wettbewerbsvorteile brachten, werden es zukünftig wahrscheinlich eher komplexe Themen sein, die es durch Erprobung anzugehen gilt.

Um das Bild abzurunden, kommen wir nun zur letzten Domäne: dem Chaos. In chaotischen Kontexten scheinen linear-kausale Zusammenhänge gar nicht mehr zu existieren und für Experimente bleibt keine Zeit. Ursache-Wirkungs-Beziehungen sind innerhalb der konkreten Situationen für keinen Beteiligten wahrnehmbar. Beispiele für echtes Chaos sind Naturkatastrophen oder Kriege. In einer solchen Umgebung ist die erfolgversprechendste Herangehensweise das Handeln – und zwar mit einem Ziel: Unsicherheiten reduzieren, um möglichst in eine andere Domäne zu gelangen. Das mag zunächst etwas seltsam klingen, daher schauen wir es uns am besten an einem Beispiel an.

Die Corona-Pandemie war kurz nach den ersten großen Krankheitsausbrüchen 2019 eine chaotische Situation. Keiner konnte vorhersehen, was als Nächstes passieren würde. Wie tödlich ist der Verlauf der Coronavirus-Erkrankung? Werden ganze Kontinente sterben? Wie schnell verbreitet sich das Virus? Für langwierige Experimente war der Einsatz zu groß, es ging um Menschenleben. Man musste also handeln, um Unsicherheiten zu reduzieren. Ein Lockdown war als erster Schritt demnach im Sinne dieses Modells eine angemessene Maßnahme. Nun konnte man in räumlich getrennten Umfeldern experimentieren und das Verhalten des Virus beobachten. Man hat also durch die Maßnahme des Lockdowns gehandelt und so das Problem in Teilen in die Domäne „Komplex" bewegen können. Ich werde an dieser Stelle nicht weiter auf den Verlauf der Corona-Pandemie eingehen. Einen Gedanken möchte ich jedoch gerne noch adressieren. In dir mag der Impuls hochkommen, dass die Menschheit nach einem vollen Jahr mit dem Virus schon in einem komplizierten Umfeld unterwegs war, da das Verhalten des Virus gut (durch Experimente) erforscht war. Es ist jedoch so, dass menschliches Verhalten im Vorhinein nicht sicher vorhersagbar ist, weshalb wir uns während der Corona-Pandemie permanent im Komplexen befanden. Wenn man so will, das größte Experiment der neueren Geschichte.

Kommen wir zurück zum chaotischen Kontext, so spricht man hier von neuartigen oder innovativen Praktiken, die entstehen können. Aus chaotischen Situationen können Dinge hervorgehen, die es so vorher noch nicht gegeben hat. Häufig verbleibt etwas dieser neuen Praktiken, auch wenn das akute Chaos schon vorbei ist. Ein Beispiel hierfür sind die verschärften Sicherheitskontrollen an Flughäfen, die sich nach den Terror-Anschlägen auf das World-Trade-Center am 09.11.2001 (einer chaotischen Situation) langfristig manifestiert haben. Im Chaos gilt, wie in komplexen Kontexten, dass wir ins Handeln kommen dürfen, um möglichst erfolgreich zu sein.

Im Alltag nutzen wir die Begriffe einfach, kompliziert, komplex und chaotisch oft ungenau. Doch genau die Klarheit dieser Unterscheidung gibt uns erst die Möglichkeit, angemessen zu handeln. Solltest du bei Chaos an deinen Schreibtisch denken, weißt du dank dieses Kapitels, dass es sich maximal um ein kompliziertes Problem handeln kann – du als Experte, solltest mit genug Analyse zu vorhersehbaren Erkenntnissen kommen.

Gibt es die Klarheit bezüglich der verschiedenen Kontexte nicht, führt das dazu, dass häufig gewohnte Herangehensweisen gewählt werden, unabhängig von der spezifischen Situation. Im deutschsprachigen Kulturraum ist es die Analyse. Aufhorchen würde ich immer, wenn dir jemand einfache Rezepte vorschlägt oder die eine Lösung, das eine Produkt für dich hat. Dies ist häufig erlerntes Verhalten, da Menschen einfache Rezepte mögen. Kunden wollen mit einem Klick ihre IT-Infrastruktur erneuern. Menschen wollen in 3 Schritten Milliardär werden. Je komplexer oder chaotischer eine Situation wird, je mehr sehnen sich Menschen nach einfachen Antworten à la „Wir sind die Guten, die anderen sind die Bösen". Ein Grund, warum in schwierigen Zeiten häufig Populisten mit einfachen Parolen in Regierungen gewählt werden.

Behandeln wir zu viele unserer komplizierten oder komplexen Lebenssituationen, als wären sie einfach und tun dies über einen längeren Zeitraum, stürzen wir ins Chaos. Im Gegensatz zu den anderen Übergängen ist die Grenze zwischen „einfach" und „chaotisch" als Klippe zu sehen. Ein gleichermaßen drastisches wie anschauliches Beispiel sind suchtkranke Menschen. Ein Alkoholiker hat für jede Herausforderung eine bewährte, einfache Lösung: Alkohol.

Das komplizierte Projekt auf der Arbeit läuft aus den Fugen? Es gibt komplexe Auseinandersetzungen mit dem Lebensgefährten? Ist doch eindeutig und einfach! Lässt sich mit einem Bier lösen. Wird nicht reflektiert und diese Entscheidung so immer und immer wieder getroffen, kann sich eine Suchtkrankheit entwickeln, die das eigene Leben ins Chaos stürzt.

Dieses zugegebenermaßen überzogene Beispiel zeigt, wie wichtig es ist, sich damit zu befassen, auf welcher Bühne des Lebens wir gerade stehen. Sind wir uns dessen nicht bewusst, befinden wir uns in Unklarheit - und damit in einem eigenen, fünften Kontext. Handlungsempfehlung hier: Werde dir bewusst, in welcher Domäne du gerade steckst.

ESSENZ: Bevor du das nächste Mal ein Vorhaben angehst, ist es sehr hilfreich, dir zunächst zu überlegen, in welchem Kontext du dich befindest. Während wir in komplizierten Kontexten durch Analyse Erfolge erzielen, verlangen komplexe Situationen nach Experimenten. Verstehst du diese Unterscheidung, bist du den meisten Organisationen, Teams und Individuen einen entscheidenden Schritt voraus.

In welchen komplexen Situationen versuchst du, mit Analyse zum Ziel zu kommen?

5

DIE SACHE MIT DER AUFMERKSAMKEIT

Wie wichtig der bewusste Umgang mit unserer Aufmerksamkeit ist, hätte ich gerne schon früher gewusst. Dass das Thema Aufmerksamkeit zentral für ein erfülltes Leben ist, lässt sich daran erkennen, dass sich die großen Denker seit Jahrhunderten damit befassen - mach dich also auf bedeutungsschwangere Zitate gefasst.

Der Philosoph Epiktet soll gesagt haben: „Wohin du deine Aufmerksamkeit richtest, bestimmt, wer du wirst". Wem wir unsere Aufmerksamkeit schenken, bestimmt also maßgeblich mit, wer wir werden. Anders gesagt: Nichts beeinflusst uns so sehr wie unser Umfeld. Du bist die Menschen, mit denen du dich umgibst. Das sind nicht bloß Kalendersprüche, sondern wissenschaftlich gesicherte Erkenntnisse.

Warum unser Umfeld uns so stark beeinflusst, wird (seit 1992) unter anderem durch sogenannte Spiegelneuronen erklärt. Diese Nervenzellen sorgen dafür, dass unser Gehirn beim Beobachten einer Situation ähnliche Aktivitäts- und Gefühlsmuster erfährt - so, als hätten wir das Beobachtete selbst erlebt. Schauen wir jemandem dabei zu, wie er nach etwas greift, wird bei uns dasselbe Hirnareal aktiv, als würden wir selber nach etwas greifen. Stell dir jetzt einfach bildlich vor, wie jemand in eine pralle Zitrone beißt. Wahrscheinlich merkst du schon den Speichelfluss in deinem Mund - das sind deine Spiegelneuronen bei der Arbeit. 2006 wurde (von der Neurowissenschaftlerin Sophie Scott vom University College London) dann entdeckt, dass dasselbe auch für Emotionen gilt. Spiegelneuronen machen uns empathisch, denn wir fühlen buchstäblich mit - wir spiegeln die Emotionen. Diese Nervenzellen, die direkt hinter unserer Stirn sitzen, sorgen dafür, dass wir Emotionen nachempfinden und beobachtetes Verhalten nachahmen - und jetzt kommt der Clou: Das ganze passiert unbewusst. Wenn wir jemandem unsere Aufmerksamkeit geben, arbeiten unsere Spiegelneuronen unterbewusst daran, uns dieser Person anzugleichen. Diese Reaktion ist sehr schwierig zu steuern. Wollen wir das verhindern, sollten wir den Menschen, denen wir uns nicht angleichen möchten, am besten aus dem Weg gehen.

Untersucht man die Leistungsfähigkeit von Schülern, lässt sich feststellen, dass Schüler, die von Gruppen besonders schlechter Mitschüler umgeben sind, ebenfalls schlechtere Schulnoten erreichen.[7] "Du bist, mit wem du dich umgibst", ist also keine einfache Floskel, sondern empirisch belegt.

Etwas drastischer: Schaue dich in deinem Freundes- und Bekanntenkreis um. Wie gesund, fit und sportlich sind die Menschen? Wie positiv, charismatisch und wohlwollend erlebst du dein Umfeld? Wie glücklich und erfüllt sind sie? Das sind keine hypothetischen Fragen. Überlege es dir - jetzt und möglichst genau.

Willst du an Tischen sitzen, an denen darüber geredet wird, wie dick die Nachbarin doch geworden ist, dich mit Menschen umgeben, die sich über "die da oben" beschweren? Falls ja, triffst du die bewusste Entscheidung, dass genau diese Themen weiterhin in deinem Leben bleiben - dass sie zu deinem Leben werden. Was wird dir von deinem Umfeld in dein Hirn gegeben? Sorgen, Müll, Gejammer? Oder Möglichkeiten, Inspiration und Chancen? Hier gilt das Prinzip "Garbage in - Garbage out" Gibst du Müll in dein System, kann auch nur Müll herauskommen. Entscheide dich also bewusst, mit wem du dich umgibst. Mit ziemlicher Sicherheit stellst du den Durchschnitt der Menschen dar, mit denen du die meiste Zeit verbringst. Wenn es dir bei diesen Gedanken unwohl wird, kannst du dir vorstellen, was ein anderes Umfeld mit Hilfe deiner Spiegelneuronen aus dir rauskitzeln würde.

"Worauf du deine Aufmerksamkeit richtest, das wird stärker". Mit dieser Erkenntnis eröffnet uns Buddha eine etwas andere Perspektive auf unsere Aufmerksamkeit. Wir werden also nicht nur zu dem, auf das wir uns konzentrieren, sondern es wird auch stärker. Demnach macht es Sinn, die eigene Aufmerksamkeit bewusst auf Positives zu richten und auf das, was wir in unserem Leben haben wollen.

Stellen wir uns eine große Wiese vor. Auf dieser Wiese werden zeitgleich eine Biene und eine Fliege geboren. Die Biene verlässt ihren Bienenstock und ist darauf programmiert, duftende Blumen zu finden, um an köstlichen Nektar und wertvolle Pollen zu kommen. Zur gleichen Zeit fliegt die Fliege los und ist darauf programmiert, Müll, Aaß und Exkremente zu finden. Auf ein und derselben Wiese finden sich die beiden Tiere also von völlig anderen Dingen umgeben.

Wir alle kennen Menschen in unserem Umfeld, die wie Bienen umherfliegen und andere, die sich dazu entscheiden, wie Fliegen zu sein. Letztere nörgeln auch im schönsten Urlaub über das Wetter oder zu harte Hotelmatratzen. Und genau jetzt wird es interessant: Bienen verschwenden keine Zeit damit, Fliegen zu erklären, warum Honig besser ist als Scheiße. Hat eine Biene einen Nörgler neben sich, steht sie auf und geht. Wer sitzen bleibt, sind die anderen Fliegen. Nach kurzer Zeit sitzen also alle Fliegen beieinander und bestätigen sich darin, wie viel Müll, Aaß und Exkremente es gibt. Du wirst finden, nach was du suchst. Fokussierst du dich auf für dich positive Dinge, wirst du das Gefühl haben, von Positivem umgeben zu sein. Suchst du nach dem Negativen und Fehlern, wirst du hiervon immer mehr sehen. Du kennst diesen Verstärkungseffekt, wenn du gerade etwas Neues gekauft hast und dich viel mit dem Produkt beschäftigt hast. Plötzlich siehst du um dich herum nur noch Menschen, die genau dieselben Sportschuhe tragen wie du. Waren es vorher weniger? Nein. Sind sie jetzt trotzdem präsenter in deinem Leben? Definitiv.

Die Energie folgt der Aufmerksamkeit - Energy goes where attention flows. Das, worauf wir unsere Aufmerksamkeit richten, wird in unserem Leben einen größeren Platz einnehmen - es wird sich vergrößern.

Das bewusste Lenken unserer Aufmerksamkeit entscheidet also darüber, wer wir werden und was in unserem Leben stärker wird. Leider haben wir von dieser Aufmerksamkeit nicht unbegrenzt viel. Wir haben eine Art Aufmerksamkeitsakku. Schon Aristoteles schrieb von der „limitatio attention", also der Begrenztheit der Aufmerksamkeit. Genau das ist wissenschaftlich sehr gut untersucht. Maß für die Dauer und Intensität unserer Aufmerksamkeit ist unsere Konzentration. Irgend-wann ist der Kanal voll und wir können uns nicht mehr konzentrie-ren. Diese Erkenntnis ist deshalb hochgradig relevant, da unser Leben maßgeblich von dem beeinflusst ist, auf was wir uns konzentrieren. Ist unser Aufmerksamkeitsakku leer, laufen wir im Autopiloten umher und steuern nicht mehr bewusst, was uns beeinflussen darf. Zwei Strategien hiermit umzugehen, sind Begrenzung und Training

Das bewusste Weglassen von allem, was sich in unserem Leben nicht vergrößern soll, ist eine Strategie dafür, mit unserer begrenzten Aufmerksamkeit umzugehen. Das ist radikaler gemeint, als es zunächst klingt. Folgende Übung ist augenöffnend: Frage dich über die nächste Woche einfach bei jeder Art von Medienkonsum (Fernsehen, Social Media, YouTube etc.), welche Kernbotschaft dir gerade übermittelt wurde. Aus dem berühmten Kinofilm Titanic kann man beispielsweise Botschaften wie "Geld verdirbt den Charakter" mitnehmen. Konsumierst du viele Nachrichten, werden Angst, Hass und Katastrophen in den Fokus deiner Aufmerksamkeit gestellt. Nutzen wir Medien nicht ganz bewusst und sehr selektiv, laufen wir Gefahr, dass wir unseren Aufmerksamkeitsakku mit negativen, banalen oder schlimmer noch mit Themen konträr zu unseren Zielen leer saugen.

Die zweite Strategie, mit unserer Konzentrationskapazität umzugehen, ist Training. Es ist erstaunlich, wie fokussiert erfolgreiche Menschen an ihren Themen arbeiten und wie lange sie diese geistige Schärfe aufrechterhalten. Ähnlich wie bei einem Muskel wächst unsere Fähigkeit, uns lange und intensiv mit Dingen zu befassen, durch Training. Wie bei jedem Training bedarf es hierfür etwas Widerstand, den wir uns bewusst selber aufbauen dürfen. Trainiere dich darin, längere, tiefgründige Texte wie zum Beispiel wissenschaftliche Studien oder Sachbücher zu lesen, auch wenn es verlockend ist, nur die Überschriften der Boulevardzeitungen zu lesen. Einmal damit angefangen, wird es immer leichter, da dein Konzentrationsmuskel - dein Aufmerksamkeitsakku - wächst. Führende Social Media Plattformen fördern das leider nicht. Ein Reel bei Instagram oder ein Video, welches bei TikTok erstellt wird, sind maximal 60 Sekunden lang. Damit kommen wir der Konzentrationsspanne von Goldfischen immer näher. Eine lange Aufmerksamkeitsspanne zu haben, kann zunehmend zum Wettbewerbsvorteil werden und schult dich darin, dich mit relevanten Themen gehaltvoll auseinanderzusetzen.

ESSENZ: Wohin du deine Aufmerksamkeit richtest, bestimmt, wer du wirst. Die Dinge, denen wir unsere Aufmerksamkeit widmen, werden sich in unserem Leben verstärken. Unsere Konzentrationsfähigkeit ist begrenzt, daher dürfen wir sie durch Begrenzung der nicht gewollten Eindrücke und durch Training unterstützen. Wähle sehr bewusst, was und wem du deine Aufmerksamkeit schenkst, denn es geht um nichts weniger als dein Leben.

In welchen Situationen kannst du deine Aufmerksamkeit bewusster für dich nutzen?

6

SICH SELBST BEFEUERNDE SYSTEME

Du hast wahrscheinlich schon drauf gewartet, daher folgt jetzt das obligatorische Steve Jobs Zitat:

"… Everything around you that you call ‚life' was made up by people who were no smarter than you. And you can change it, you can influence it, you can build your own things that other people can use."

„Alles um dich herum, das du Leben nennst, wurde von Menschen gemacht, die auch nicht klüger sind als du. Du kannst das ändern, du kannst es beeinflussen und du kannst deine eigenen Dinge entwickeln, die andere dann nutzen können."

Du kennst bestimmt diese Situationen, in denen du dich fragst, warum die Dinge so gemacht werden, wie sie gemacht werden. Falls das etwas zu abstrakt ist, hier ein paar Beispiele:

- Firma, in der Überstunden „gearbeitet" werden, obwohl eigentlich alles schon erledigt ist, weil sich niemand traut, vor 19:00 Uhr nach Hause zu gehen.
- Verein, der wöchentlich eine Sitzung abhält, obwohl eine kurze Abstimmung einmal im Quartal völlig genügen würde.
- Freundeskreis, in dem immer ein Bier getrunken wird, wenn man sich trifft.
- Musikakademie, auf der Mozart nur nach bestimmtem Vorbild gespielt werden darf.

Um direkt auf den Punkt zu kommen: Jedes System lebt davon, dass Individuen daran teilnehmen und das „Spiel weiterspielen". Ich spreche gerne von sich „selbst erzeugenden und -befeuernden Systemen". Darauf gestoßen hat mich das erstgenannte Beispiel, das man in vielen Unternehmen (besonders in Unternehmensberatungen) häufig findet. Ich habe mir die Frage gestellt, wie es dazu kommt, dass Menschen an einer Art Arbeitsstundenwettbewerb teilnehmen. Niemand sagt ihnen, dass derjenige gewinnt, der am längsten im Büro sitzt. Es gibt oft noch nicht einmal eine explizit ausgelobte Siegesprämie für diejenigen, die am "härtesten" (längsten) arbeiten. Die Antwort ist eigentlich so einfach wie verwirrend: Wir alle nehmen an Spielen teil, dessen Regeln sich aus der Interaktion miteinander ergeben. Kommen wir in eine neue soziale Situation und passen uns erst einmal an, so stimmen wir damit stillschweigend den existierenden Spielregeln zu: Wir befeuern also das laufende Spiel und unterstützen die Regeln, indem wir sie einhalten.

Für diese sich selbst befeuernden Systeme gibt es in der soziologischen Systemtheorie einen Begriff: Autopoietische Systeme.[8] Hierunter versteht man den Prozess der Selbsterschaffung und Aufrechterhaltung eines Systems. Soziale Systeme bestehen vor diesem Hintergrund ausschließlich aus Kommunikation. Das heißt, dass sich Systeme in einem ständigen, nicht zielgerichteten, emergenten Prozess quasi aus sich selbst heraus erschaffen.[9] Die Systeme produzieren und reproduzieren sich also aus sich selbst.

Klingt sehr theoretisch, sagt im Grunde aber lediglich, dass wir die sozialen Systeme, in denen wir uns befinden (Partnerschaft, Job, Verein, Staat) beeinflussen können, da wir das System mit definieren, weil wir Teil davon sind.

Die eingangs genannten Beispiele mögen etwas plakativ und kleinbürgerlich auf dich wirken. Sobald wir mit anderen Menschen interagieren, befinden wir uns in sich selbst erzeugenden und - aufrechterhaltenden Systemen; diese Erkenntnis bezieht sich auf alle Ebenen unserer Gesellschaft.

- Hierarchiestrukturen beim Militär: Hat sich irgendwann irgendjemand ausgedacht, à la „lasst uns doch einen Obersoldaten einführen. Den könnten wir „Generalinspekteur" nennen und dem ein paar mehr Sterne auf die Schulterklappen malen."
- Bewertungsmaßstäbe an Hochschulen: Irgendwann hat eine Gruppe von Menschen vereinbart, dass eine Arbeit nur dann als wissenschaftlich und somit erkenntnisstiftend gilt, wenn auf eine bestimmte Art und Weise zitiert wird.

Bewusst werden uns „sich selbst befeuernde Systeme" oft dann, wenn wir mit der Nase darauf gestoßen werden, dass es gar keinen Regelhüter oder Spielleiter gibt. Hierzu ein Beispiel aus der Personalabteilung eines Unternehmens:

Die neue Mitarbeiterin fragt ihre Kollegen, ob am Monatsende besondere Arbeiten zu erledigen sind. Eine erfahrene Mitarbeiterin erklärt ihr, dass zum Ende eines jeden Monats ein Bericht über alle Neueinstellungen, Entlassungen und Versetzungen für den Geschäftsführer erstellt wird – dargestellt in einer bestimmten Tabelle, die immer am 28. des aktuellen Monats im PDF-Format an den Assistenten des Geschäftsführers versandt wird. Auf die Nachfrage, wozu dieser Bericht genau erstellt wird, wird der neuen Kollegin erklärt, dass dies Teil des Prozesses sei und schon immer so gemacht wurde. Die Kollegin fasst sich ein Herz (wahrscheinlich hat sie dieses Buch gelesen und weiß um autopoietische Systeme) und fragt beim Assistenten des Geschäftsführers nach dem Zweck des Berichts. Dieser sagt ihr, dass der inzwischen berentete Leiter der Personalabteilung dies vor über zehn Jahren eingeführt habe. Weiter sagt er, dass der Geschäftsführer die Berichte nicht anschaue. Er selber archiviert die Berichte jedoch jeden Monat sorgfältig, da er davon ausgeht, dass sie wichtig seien, da die Personalabteilung diese ja schließlich regelmäßig sendet.

Der Spielmacher ist längst nicht mehr präsent – der ehemalige Leiter der Personalabteilung, der sich die Spielregel ausgedacht hat, ist schon lange kein Teil des Spiels mehr, trotzdem wird nach seinen Regeln weitergespielt. Unzählige Beispiele dieser Art finden sich in den unterschiedlichsten Bereichen unser aller Leben.

Die oben angeführten Beispiele sind offensichtlich etwas überspitzt dargestellt. Pragmatisch gesehen trifft es den Nagel jedoch auf den Kopf. Regeln und Strukturen in Systemen werden von Menschen erdacht – Menschen wie du und ich. Wer bei solchen Entscheidungsrunden schon mal mit am Tisch saß, erlebte wahrscheinlich eine echte Enttäuschung - Enttäuschung im wahrsten Sinne des Wortes: Ende einer Täuschung. Die Personen - egal wie hochrangig - agieren mit ihrem individuellen begrenzten Wissen und hoffen, dass sich andere an ihre Strukturen halten. Es gibt keine höhere Intelligenz, kein Superhirn, welches „den einen richtigen Weg" definiert und hütet.

Zusammengefasst kannst du folgende Erkenntnis für dich nutzen: Die Systeme, in denen du dich bewegst, sind nicht gottgegeben - du kannst sie verändern. Hier gilt das Motto „Love it, change it, or leave it". Magst du das Spiel, in dem du gerade bist, dann spiele weiter; magst du es nicht, kannst du jederzeit neue Regeln aushandeln oder es einfach verlassen und ein anderes Spiel beginnen. Ganz konkret kann dich folgende Erkenntnis nach vorne bringen: Die Dinge in deinem Leben können permanent neu ausgehandelt werden. Tust du dies nicht, duldest du das bestehende System. Du wählst somit also ganz bewusst alles, was du duldest.

Essenz: Die einmal von irgendwem erdachten Vorgehensweisen existieren nur so lange, wie genug Menschen sie dulden und mitmachen. Betrachte die Spielfelder des Lebens nicht als naturgegeben, sondern als das, was sie sind: autopoietische Systeme. Du hast demnach immer die Entscheidung, Systeme zu akzeptieren, sie zu verändern oder sie zu verlassen.

Welches autopoietische System hast du bisher als unumstößlich angenommen, dass du zu deinem Vorteil verändern kannst?

LEBEN

GESTALTEN

7

RADIKALE EIGENVERANTWORTUNG

Als Kind wurde sich um dich gekümmert. Die meisten von uns, die das Glück und Privileg einer normalen Kindheit hatten, hatten Eltern und eine erweiterte Familie, die für uns gesorgt haben. Die Familie sorgt in den ersten Jahren eines Kindes völlig zu Recht proaktiv dafür, dass die Dinge im Interesse des Nachwuchses geschehen. Das richtige Essen, das Lieblingsspielzeug, …, eine Wohlfühlumgebung, in der es sich gut wachsen lässt.

Eine solche Gerechtigkeitsinstanz gibt es jedoch nicht mehr, sobald wir erwachsen werden – und das ist auch gut so.

Einige Menschen scheinen ihr Leben lang nach einer Instanz zu suchen, die ihnen Gerechtigkeit gibt, ihnen Freiheit erlaubt oder ihnen eine Richtung weist. Diese Personen schätzen es, höhere Institutionen und Entscheidungsgewalten in ihrem Leben zu wissen. Idealerweise sind sie in entsprechend stark hierarchischen Organisationen tätig. Ein gutes Beispiel ist die Berufsgruppe der Verwaltungsbeamten oder die des militärischen Dienstes. Diese stark subsidiär strukturierten Organisationen leben davon, dass die Individuen auf der jeweiligen Ebene daran glauben, dass bestimmte Entscheidungen unbedingt von einer höher gestellten Stufe getroffen werden müssen.

Stehen Menschen mit dieser Denkweise im Stau, denken sie sich: „Was haben die denn hier schon wieder für eine Straßenführung gebaut?" oder „Na toll, wie haben die sich das denn jetzt vorgestellt?". Für Personen, die Verantwortung bei anderen verorten, ist es wichtig, dass jemand anderes letztendlich den Kopf hinhält. Die Verantwortung für das eigene Leben und den eigenen Lebenswandel wird externalisiert. Eine höchst unglückliche Konstellation, die Opferrollen kreiert, wo keine sein müssten und Lösungsfindung schier unerreichbar macht..

Der Gegenentwurf zu oben genanntem, ist die Übernahme radikaler Eigenverantwortung: Der Königsweg zu einem erfüllten Leben. Warum das so ist, möchte ich dir aus einer emotionalen und einer rationalen Perspektive vorstellen.

Aus emotionaler Sicht kann es sich erdrückend anfühlen, volle Verantwortung für alles, was sich im eigenen Leben abspielt, zu übernehmen. Das stellt eine große Aufgabe dar, die nachvollziehbarer Weise auch des Öfteren als zu groß wahrgenommen werden kann. Es ist jedoch der einzige Weg aus einer von vielen unnötigerweise gelebten Opferrolle heraus. Durch die Überzeugung, den Herausforderungen im eigenen Leben gewachsen zu sein, kann man diese annehmen und zu positiven Erfahrungen machen. Herausforderungen werden ohnehin jeden von uns bis an unser Lebensende begleiten. Wir haben die Wahl, sie aktiv anzunehmen und Gestalter unseres Lebens zu sein. Sehen wir uns passiv – als Opfer der Lebensumstände – wird sich langfristig ein Ohnmachtsgefühl manifestieren. Menschen, die radikal eigenverantwortlich sind, verstehen, dass das Leben und die damit einhergehenden Probleme für sie passieren, während es auf der anderen Seite Menschen gibt, die sich stets ungerecht behandelt fühlen. Von wem ist erst einmal beliebig: dem Staat, der Chefin, dem Nachbarn, der Kollegin, den Eltern usw. Dieses Gefühl, ungerecht behandelt zu werden, setzt eine Anspruchshaltung voraus. Meint jemand, dass ein anderer für das eigene Wohlgefühl verantwortlich ist, hat dies im Kern mit Erwartungen an die Umwelt zu tun. Da Erwartungen die Voraussetzung für Enttäuschungen sind, erleben wir Personen ohne Selbstverantwortungsgefühl oft jammernd und klagend. Es scheint sich immer jemand zu finden, der Schuld an der eigenen Lebenslage ist. Die Frage nach einem Schuldigen ist allerdings schlicht nicht lösungsorientiert und noch weniger vorwärtsgerichtet. Zielführender ist die Frage danach, wer Verantwortung übernimmt. „Wem sie die Schuld geben, dem geben sie die Macht", soll Wayne Dyre gesagt haben. Geben wir anderen die Schuld, werden wir uns langfristig machtlos im eigenen Leben fühlen. Eine Lebensreise mit Opfer-Ticket fühlt sich im Grunde so an, als würden wir in einem Zug sitzen, dessen Reiseroute und Zwischenstopps wir weder gewählt haben, noch beeinflussen können.

Sicherlich gibt es Dinge, die man schlichtweg nicht beeinflussen kann. Es sind jedoch nicht die Dinge, die uns widerfahren, sondern die Art, wie wir mit ihnen umgehen, die uns zu einem eigenverantwortlichen Leben bringen. Über unsere Reaktion auf etwas haben wir die volle Kontrolle. Die Frage ist also, wie wir die Ereignisse annehmen, bewerten und was wir dann aus ihnen machen. Im Englischen wird dies sprachlich sehr schön deutlich. Das englische Wort für Verantwortung „Responsibiliy", besteht aus „Response" - die Antwort - und „Ability" - die Fähigkeit. Bei Verantwortung geht es also im Grund um die Antwortfähigkeit oder -geschicklichkeit von uns auf die Dinge, mit denen wir konfrontiert werden. Verantwortung stellt uns die Frage: Wie gut antworte ich auf etwas? Wir tragen vielleicht nicht die Verantwortung für die Dinge selbst, jedoch immer für unsere Interpretation und Reaktion. Mit diesem Grundgedanken ist Verantwortungsübernahme für das eigene Leben immer möglich. Je mehr absolute Eigenverantwortung wir für unser Handeln und unser Leben übernehmen, desto mehr Handlungsoptionen eröffnen sich uns dadurch. Das Leben wird facettenreicher, da wir uns den Ereignissen nicht ausgeliefert fühlen, sondern sie vorsätzlich mitgestalten. Wenn du etwas in deinem Leben duldest, entscheidest du dich somit auch dafür.

Ein weiterer emotionaler Einflussfaktor in Bezug auf radikale Eigenverantwortung ist das „Not invented here"-Phänomen. Es beschreibt - kurz gesagt - die Aversion gegen fremde Ideen und Lösungen. Ursprünglich wurde es im geschäftlichen Kontext beobachtet, findet aber in unserem Zusammenhang auch Anwendung. Einfach ausgedrückt, mögen wir Ideen und Dinge, die wir selbst kreiert haben, lieber. Kommt etwas von außen, so kommt im übertragenen Sinne das Immunsystem in Gang und wehrt den Eindringling ab. Wenn wir in Bezug auf unser Leben der Überzeugung sind, dass das, was uns im Leben widerfährt, von anderen kommt und nicht beeinflussbar ist, so ist unser 'geistiges Immunsystem' permanent angegriffen. Wir entwickeln durch das „Not invented here"-Phänomen sozusagen eine Aversion gegen den Verlauf des eigenen Lebens. Besser fühlt es sich also an, wenn wir in der Gegenwart Verantwortung für unseren Lebenswandel übernehmen und erkennen, dass wir die Wahl haben, wie wir mit den gegebenen Umständen umgehen.

Neben der emotionalen Perspektive auf Eigenverantwortung gibt es noch einen weiteren, ganz pragmatischen Grund, diese Einstellung zu übernehmen: Niemand kann wissen, wie genau du dir dein aktuelles und künftiges Leben vorstellst. Um es kurz zu machen: Es wäre viel zu komplex und aufwendig für irgendeine Institution, deine ganzen Bedürfnisse zu verstehen, geschweige denn diese auch zu realisieren. Woher sollte der Staat, dein Chef, dein Partner oder deine Eltern wissen, was du genau brauchst und willst. Eine solche Intelligenz gibt es schlicht und ergreifend nicht. Daher können wir unser Leben am besten auf dezentraler Ebene – also jeder für sich – gestalten. Haben wir unser eigenes Leben im Griff und so ausgerichtet, dass wir glücklich und kraftvoll aufgestellt sind, haben wir auch die Energie, andere bei ihren Vorhaben zu unterstützen. Radikale Eigenverantwortung ist eine Positivspirale. Eigenverantwortlich lebende Menschen umgeben sich gerne mit anderen Selbstverantwortlichen, was solche Gruppen sehr produktiv und innovativ macht. Das Gegenmodell sind Gruppen, die sich gemeinsam im Jammertal der Fremdverantwortung befinden. Du hast die Wahl, in welcher Gegenwart du deine Zeit lieber verbringst.

Eine Kernfrage, die du dir stellen darfst, solltest du mal nicht von radikaler Eigenverantwortung überzeugt sein, ist: Auf wen möchtest du dich verlassen, wenn es um die kurze Lebenszeit geht, die dir auf diesem Planeten bleibt?

Bevor du diese Frage beantwortest, lass uns zwei Institutionen betrachten und überlegen, ob diese deine subjektiven Präferenzen gut repräsentieren können: Staat und Chef.

Staat: Der Staat erschafft uns gewisse Grundlagen für unser gesellschaftliches Zusammenlebens – Gesetze. Er übernimmt also Verantwortung für uns auf übergeordneter Ebene. Der Staat gibt allerdings - völlig richtigerweise - lediglich den Rahmen vor, innerhalb dessen unser Miteinander abläuft und gestaltet diesen im Idealfall nur so umfangreich wie unbedingt nötig. Die Frage nach mehr Regulierung und schärferen Gesetzten für immer detailliertere Themen sorgt nicht dafür, dass Individuen wie du und ich ein erfüllteres Leben führen. Er ist so etwas wie die letzte Verantwortungsinstanz und kann nicht den Lebenswandel Einzelner im Detail regeln. Kommen wir einmal an den

Punkt, dass staatliche Einrichtungen tatsächlich mal die Verantwortung für einen Teil unseres Lebens übernehmen sollten (z. B. vor Gericht oder im Kontakt mit einer anderen Verwaltungsbehörde), werden wir mit einer wachrüttelnden Realität konfrontiert: Die ausführenden Personen können Technokraten sein, die ihr eigenes Berufsleben mit freizeitorientierter Schonhaltung bestreiten. Oder anders gesagt: Der Staat ist kein abstraktes Konstrukt, sondern besteht aus echten Menschen, inklusive ihrer Schwachstellen, die wiederum mit ihrem eigenen Leben beschäftigt sind. Der Staat hat also aus zweierlei Gründen nicht die Möglichkeiten, für jeden Lebenswandel die Verantwortung zu übernehmen. Erstens kann der Staat nicht die Präferenzen eines jeden Einzelnen kennen, und zweitens sind die Umsetzungskapazitäten des ausführenden Personals stark begrenzt. Wenn es also darum geht, dein Leben so zu gestalten, wie du es willst, ist eine Anspruchshaltung Behörden gegenüber unbedingt fehl am Platze.

Chef: Neben dem Staat bekommen auch Vorgesetzte häufig die Verantwortung für den eigenen Lebenswandel zugeschrieben. Egal wie erfüllend ein Angestelltenverhältnis auch sein mag, es ist und bleibt ein Tauschgeschäft. Es mag unromantisch klingen, doch die Wahrheit ist, dass wir eine einfache Transaktion vornehmen, welche im Arbeitsvertrag auch so festgehalten wird: Geld gegen Arbeitsleistung. Und genau hier liegt das Spannungsfeld. Während die Arbeitgeberseite möglichst viel Arbeitsleistung für möglichst wenig Geld haben möchte, will es der Arbeitnehmer umgekehrt. Dieser Interessenkonflikt schwingt folglich auf grundlegender Ebene immer mit. In Bezug auf deine Vergütung wird dementsprechend dein Chef nie die Verantwortung für deine Interessen übernehmen – es ist an dir allein, ein für dich annehmbares Gleichgewicht auszuhandeln. Auszuhandeln gilt es auch alles Weitere, wie z. B. Umgangston, Art der Arbeit, Arbeitszeiten. Passt einer der Parameter nicht in deine Vorstellung eines erfüllten Lebens, darfst du es ansprechen und eine Änderung herbeiführen. Wie für den Staat gilt auch hier, dass dein Chef nicht alle deine Bedürfnisse kennen kann und andererseits nicht die Kapazitäten hat, diese alle immer zu befriedigen. Dein Chef ist eine Variable in deinem Leben, keine Konstante. Passt sie nicht mehr zu dir, kannst du sie verändern. Wer sagt, dass er sich den Chef nicht aussuchen kann, hat radikale Eigenverantwortung nicht verstanden. Nach dem Motto „Love it, change it or leave it", lässt sich auch ein angespanntes Verhältnis zu einem Vorgesetzten jederzeit verändern.

Dies sind nur zwei Beispiele, in denen es Klarheit bringt, das System mit allen Beteiligten kurz zu durchdenken und sich zu überlegen, wer grundsätzlich an was interessiert ist. Meist bist du die einzige Person, die wirklich für deine Interessen und Vorlieben einsteht. Radikale Eigenverantwortung ist also angesagt. Du darfst für dich einstehen und musst diese Aufgabe niemand anderem anvertrauen - ein befreiender Gedanke, oder?

Essenz: Das Prinzip der radikalen Eigenverantwortung kann aus emotionaler und rationaler Sicht zu einem freien Leben führen. Niemand ist für dein Leben und dein Glück zuständig, außer du selbst. Es sind nicht die Ereignisse, die uns widerfahren, sondern die Art und Weise, wie wir mit ihnen umgehen - das macht uns zum Gestalter unseres Lebens. Beginnen wir nach diesem Prinzip zu leben, kann es sich anfühlen wie der erste tiefe Atemzug nach einem Sprung in eiskaltes Wasser: Plötzlich hellwach.

Für welche Dinge in deinem Leben machst du aktuell noch andere verantwortlich?

8

SYSTEME BRAUCHEN AUSSTIEGSMÖGLICHKEITEN

„Lebenslange Arbeitsplatzsicherheit" oder „Bis dass der Tod uns scheidet" klingt im ersten Moment womöglich nach Planbarkeit, Belastbarkeit und Sicherheit. Genau hiernach sehnen sich viele Menschen in unserer komplexen Welt (siehe Kapitel 4). Denkt man Situationen, in denen keine Ausstiegsmöglichkeiten für die Beteiligten vorgesehen sind, jedoch konsequent zu Ende, darf man feststellen, dass diese nicht erstrebenswert sind. Wann immer wir im Leben Verbindungen eingehen, sollten wir von Beginn an die Möglichkeit vorsehen, diese auch wieder auflösen zu können. Das trifft auf die eigene Ehe ebenso zu, wie auf unseren Arbeitsvertrag oder die Mitgliedschaft in einem Fitnessstudio. Nur durch eine definierte Exit-Option können Beteiligte in einem System herausragende Ergebnisse erzielen.

Die Erkenntnis, dass alle Systeme in unserem Leben Exit-Optionen brauchen, lässt sich aus drei Perspektiven ausgezeichnet veranschaulichen: volkswirtschaftlich, arbeitsrechtlich und privat.

1. Volkswirtschaftlich

Auch für Volkswirtschaften ist es wichtig, die Verbindung kappen zu können, die sie eingegangen sind. Die Europäische Union ist hierfür ein anschauliches Beispiel. Staaten sind diesem Bündnis beigetreten, um bestimmte gemeinsame Ziele und Werte umzusetzen. Eines dieser Ziele war und ist die Gründung einer Wirtschafts- und Währungsunion, deren Währung der Euro ist.[10] In diesem Zusammenhang gibt es einige Vereinbarungen zwischen den Mitgliedstaaten, die diese Währungsunion am Leben halten sollen. Im Vertrag zur Einrichtung des Europäischen Stabilitätsmechanismus (Artikel 3, Satz 1) wird die „Wahrung der Finanzstabilität des Euro-Währungsgebiets insgesamt" als Ziel genannt. Aus dieser Formulierung wird deutlich, dass der Endzustand des Verbleibens aller Staaten in der Gemeinschaftswährung angestrebt wird. Und tatsächlich ist es so, dass in der Europäischen Union kein Mechanismus definiert wurde, wie Mitgliedstaaten dieses Bündnis wieder verlassen können. Staaten können zwar in die Union aufgenommen werden, aber nicht strukturiert wieder austreten oder herausgeschmissen werden. Durch diese Tatsache werden Handeln und Haften voneinander entkoppelt und dies hat drastische Folgen für das gesamte System Europäische Union.

In diesem Zusammenhang ist das „No-Bail-Out-Prinzip" sehr interessant. Dieses ist in Artikel 125 des Vertrags über die Arbeitsweise der Europäischen Union (AEUV) festgelegt. Es besagt, dass die Union oder einzelne Mitgliedstaaten nicht für die Verbindlichkeiten anderer Körperschaften der EU haften. Die Schulden von einzelnen Mitgliedstaaten können also von vertraglicher Seite nicht von der Union oder gar anderen Mitgliedsstaaten übernommen werden. Dies sollte zu wirtschaftlicher Haushaltsdisziplin führen. Handeln und Haften sollen hierdurch zusammengeführt werden und die finanzielle Eigenverantwortlichkeit der Einzelstaaten oder Gebietskörperschaften gestärkt werden. Diese Grundidee ist jedoch schwierig durchzusetzen, wenn es keine Ausstiegs-bzw. Rausschmiss-Möglichkeiten gibt. Und genau das hat sich in verschiedenen Finanz- und Schuldenkrisen gezeigt. Die zu Beginn vereinbarten Regeln wurden aufgeweicht, da es schlichtweg keine andere Option gab, denn ein Ausscheiden aus dem Spiel "EU" war nicht vorgesehen. Folglich sinkt der Anreiz aller, sich an Vereinbarungen zu halten. Gerade die Möglichkeit des Exits und die strikte Sanktionierung bei Verstößen gegen grundsätzliche Prinzipien und gemeinsame Regeln bilden zentrale Bausteine für ein funktionierendes staatliches System.

Wer volkswirtschaftlich interessiert ist, liest weiter - falls nicht: Einfach den nächsten Absatz überspringen.

Betrachtet man die Entwicklungen seit dem Jahre 2007, so wird klar, dass das „No-Bail-Out-Prinzip" stark aufgeweicht wurde. Die Folgen der internationalen Finanzkrise ab 2007 führten letztlich im Jahre 2010 zu einer wirtschaftlichen Krise in der gesamten Eurozone. Auch aufgrund der gemeinsamen Währung verstärkte sich die Entstehung von makroökonomischen Ungleichgewichten zwischen den Staaten. Eine heterogene Entwicklung der preislichen Wettbewerbsfähigkeit in den verschiedenen Mitgliedstaaten konnte auf diese Weise nicht durch Wechselkursanpassungen ausgeglichen werden. Die Leistungsbilanzdefizite der GIPS-Staaten (Griechenland, Irland, Portugal, Spanien) stiegen als Folge drastisch an. Im Falle von Griechenland waren das Haushaltsdefizit und der Schuldenstand über Jahre gezielt zu niedrig ausgewiesen worden. In den Jahren 2009 und 2010 kam es letztlich zu einer Staatsschuldenkrise und Griechenland drohte der Staatsbankrot.[11] An diesem Punkt wurde das No-Bail-Out-Prinzip untergraben. Der Artikel 136 des AEUV wurde am 25. März 2011 um einen dritten Absatz erweitert. Hierin heißt es: „Die Mitgliedstaaten, deren Währung der Euro ist, können einen Stabilitätsmechanismus einrichten, der aktiviert wird, wenn dies unabdingbar ist, um die Stabilität des Euro-Währungsgebiets insgesamt zu wahren. Die Gewährung aller erforderlichen Finanzhilfen im Rahmen des Mechanismus wird strengen Auflagen unterliegen." Die Einrichtung dieses Europäischen Stabilitätsmechanismus (kurz ESM) wurde mit Artikel 122, Absatz 2 des AEUV begründet. Hiernach kann die Union einem Mitgliedstaat finanziellen Beistand leisten, wenn er von Schwierigkeiten betroffen ist, die „aufgrund von Naturkatastrophen oder außergewöhnlichen Ereignissen, die sich seiner Kontrolle entziehen" (AEUV, Artikel 122, Absatz 2) entstanden sind. Die Spielregel, dass die Union nicht für die Verbindlichkeiten anderer Körperschaften der EU haftet, wurde ausgehebelt - und das nicht zuletzt aus einem Mangel an Handlungsalternativen, denn für ein Ausscheiden Griechenlands aus der Eurozone war keinerlei Handlungsgrundlage in den Satzungen der EU vorhanden. Wir sehen also am Beispiel von Staatsverschuldung in der EU, wie ein ganzes System anfängt zu kranken, wenn keine Exit-Optionen von vornherein definiert sind.

Schließen sich Länder zu Bündnissen zusammen, wird in der enthusiastischen Anfangsphase häufig vergessen, darüber nachzudenken, wie man dieses Bündnis wieder auflösen kann. Das Ergebnis ist fatal, da das Handeln der Staaten vom Haften entkoppelt wird, wenn es nichts zu befürchten gibt. Ist jedoch klar geregelt, wann und wie ein Staatenbündnis aufgelöst werden kann, ist der Anreiz, sich im Sinne der Bündnispartner zu verhalten, wieder hergestellt.

Der Austritt der Briten aus der Europäischen Union im Jahr 2020 hat deutlich gezeigt, wie wichtig im Vorhinein geklärte Ausstiegsmöglichkeiten sind. Erhebliche Verunsicherungen in der EU-Bevölkerung sowie große juristische und bürokratische Aufwände mussten unternommen werden, um ein Land aus dem Bündnis zu lassen, welches schlicht und ergreifend nicht mehr teilnehmen wollte. Ein Beispiel, welches eindrucksvoll zeigt, dass das nachträgliche Gewähren einer Exit Option nie so gütlich und einfach vonstattengeht, wie es zu Anfang einer (Staaten-)Beziehung möglich wäre - ein Punkt, an dem alle noch wohlwollend miteinander Spielregeln zu erfassen vermögen.

Geht es um volkswirtschaftliche Zusammenhänge, schalten Viele vor lauter Ehrfurcht ihren normalen Menschenverstand aus. Dabei sind die grundlegenden Mechanismen genauso wie bei einfachen Brettspielen. Jedes Brettspiel, das wir beginnen, braucht klare Spielregeln, die auch definieren, wie man aus diesem Spiel ausscheidet. Selbes gilt für die Beziehung zwischen Staaten, damit diese gut funktionieren können.

2. Arbeitsrechtlich

Auch in Unternehmen und Organisationen müssen Ausstiegsmöglichkeiten gegeben sein, um gute Produkte oder Dienstleistungen erzeugen zu können. Ganz besonders wichtig ist dies in Bezug auf die Mitarbeiter in einem Betrieb - diese müssen jederzeit gehen oder gegangen werden können. In Behörden und Großkonzernen wird dieser wichtige Mechanismus oft durch Quasi-Unkündbarkeiten ausgeschaltet. Um leistungsfähig zu bleiben, darf ein Unternehmen jedoch keine faulen Äpfel mit durchziehen. Denn für (Höchst-)Leistung gibt es schlichtweg keinen Anreiz in einem System, in dem auch "Nicht-Leister" verbleiben dürfen. Wo nämlich für „Nicht-Leistung" keine Grenzen definiert sind, da wird dementsprechend Leistung ganz grundsätzlich nicht wertgeschätzt. In Institutionen, in denen lebenslange Arbeitsplatzsicherheit versprochen wird, kann man dies sehr gut am Leistungsanreizsystem sehen. Beförderungen werden hier nicht nach erbrachter Leistung ausgesprochen, sondern z. B. nach Jahren der Betriebszugehörigkeit oder nach Reihenfolge der Anfangsbuchstaben des Nachnamens. Hierdurch wird aus einer Kompetenzhierarchie eine "Aushalt-Hierarchie". Gehaltserhöhungen werden in Unternehmen ohne Exit-Optionen in manchen Fällen im Uhrzeigersinn vergeben - entsprechend dem Sitzplatz. Dies sind leider keine ausgedachten Beispiele, sondern eine traurige Realität in manchen deutschen Organisationen. Wo keine scharfen Optionen für das Beenden eines Arbeitsverhältnisses definiert sind, wird also die Leistungsfähigkeit eines Betriebes leiden.

In einigen Verwaltungsbehörden kann man dies sehr gut beobachten. Durch das Fehlen starker Exit-Optionen entsteht eine Absitz-Kultur. Wenn ich weiß, dass mein Dienstherr mir nur sehr schwer kündigen kann, lehne ich mich selbstverständlich zurück - das macht aus individueller Sicht nur Sinn. Wenn dein Kollege fürs Absitzen seiner Arbeitszeit dasselbe Gehalt bekommt, warum solltest du dann überhaupt mehr tun? Das Dulden faulen Verhaltens sendet das Signal, dass es toleriert und somit gewollt ist. Sätze wie: „Ich kann hier sowieso machen, was ich will, die werden mich so einfach nicht los" oder „Bei uns würde auch ein Stuhl befördert werden, wenn er eine Personalnummer hätte" sind dann trauriges Symptom fehlender flexibler Ausstiegsmöglichkeiten aus einem Arbeitsverhältnis. Sind de facto keine Exit-Optionen vorgesehen, wird das Anreizsystem für Performer ausgeschaltet und sogar umgekehrt. Leistungsträgern wird der Ansporn genommen und die ohnehin Faulen haben überhaupt gar keinen Beweggrund mehr, produktiv zu sein. Oder anders gesagt: Wer die Schlechten schont, schadet den Guten.

Selbstverständlich ist nicht jeder, dem schwer gekündigt werden kann, automatisch ein Low-Performer. Nicht jeder Beamte muss notwendigerweise Minderleistung bringen. Jedem von uns fällt sicherlich sofort ein herausragend guter und engagierter Lehrer oder eine passionierte Polizistin ein. Die Frage ist, ob für diese Individuen wirklich Arbeitsplatzsicherheit wichtig bei der Berufswahl war - hätten sie den Job nicht auch so gewählt, weil er eben offensichtlich ihre Berufung ist?

Was als Anreiz für gute Arbeit gedacht war, führt schließlich zum Gegenteil. Es handelt sich hier um unintendierte Resultate intentionalen Handelns. Lebenslange Arbeitsplatzsicherheit soll vom Arbeitnehmer als Leistung des Arbeitgebers oder Dienstherrn angesehen werden und so für mehr Einsatz auf der Arbeit führen. Spätestens nach ein paar Jahren in einem solchen System führt es zum genauen Gegenteil: Freizeitorientierte Schonhaltung. Ein Milieu, in dem es Höchstleister nicht lange aushalten.

3. Privat

Ausstiegsmöglichkeiten dürfen wir auch für unsere privaten Beziehungen vorsehen. Auch in einer Ehe sollte eine Exit-Option definiert sein. „Bis dass der Tod uns scheidet" mag im ersten Moment romantischer klingen als "Wir setzen einen Ehevertrag auf". Ein Ehevertrag kann im Vorhinein regeln, wie das Vermögen in einem Trennungsfall aufgeteilt wird. Damit vermag er zu verhindern, dass ein Partner nur aus Angst vor finanziellen Verlusten mit uns zusammenbleibt. Einen solchen Vertrag setzt man selbstverständlich nicht auf, um vorwegzunehmen, dass man sich irgendwann sicherlich trennen wird. Im Gegenteil: Die Tatsache, dass eine Exit-Option möglich und geregelt ist, kann dafür sorgen, dass wir wissen, dass wir freiwillig beieinander sind, was zu einem tieferen Zugehörigkeitsgefühl führt. Stell dir einfach vor, du wüsstest nicht, ob dein Partner mit dir aus freien Stücken zusammen ist, oder aus irgendeinem Verpflichtungs- oder Angstgefühl.

Das Wissen um das jederzeit mögliche Ende der Partnerschaft schenkt uns an jedem Tag, an dem sie dennoch fortbesteht, echte Wertschätzung für unser Liebesglück. Auch verlangt es mir ab, mich fortwährend um meinen Partner zu bemühen. Wir wahren Umsichtigkeit und Respekt füreinander, da wir wissen, dass der jeweils andere jederzeit gehen kann. Wir dürfen uns so verhalten, dass unser Partner sich jeden Tag freiwillig gerne dafür entscheidet, seine Zeit mit uns zu verbringen.

Die Liste von Beispielen, in denen Ausstiegsmöglichkeiten Systeme erheblich verbessern, ist beliebig erweiterbar. Die meisten Unternehmen sind zum Beispiel sehr gut im Starten von Projekten, einige davon können Projekte dann auch gut durchführen. Die Wenigsten sind jedoch in der Lage, nicht mehr lohnende Projekte strukturiert vorzeitig abzuschließen.

Selbst wenn Exit-Optionen im Vorhinein definiert wurden, werden sie häufig nicht in Erwägung gezogen. Hierhinter steckt der sogenannte „Sunk-Cost-Effekt". Darunter versteht man die Tendenz, ein Vorhaben fortzusetzen, wenn bereits eine Investition in Form von Geld, Aufwand oder Zeit getätigt wurde.[12] Wegen der bereits versunkenen Kosten wird dann einfach immer weiter gemacht. Man spricht hier auch von irrationaler Beharrlichkeit. Um den Sunk-Cost-Effekt möglichst zu verhindern, ist es wichtig, uns den Ausstieg aus jedem Spiel einfach zu machen. Und zwar indem wir genau diesen schon im Vorhinein gut durchdenken. Ganz grundsätzlich sollten wir etwas abbrechen, wenn es in die falsche Richtung läuft – und zwar so früh wie möglich.

ESSENZ: Gehst du eine neue Verbindung ein - egal ob als Staatenlenker, Unternehmer oder Privatperson - ist es eine gute Strategie, schon zu Beginn festzulegen, unter welchen Bedingungen und wie genau diese Verbindung auch wieder aufgelöst werden kann. Unabhängig vom Kontext steigern systematisierte Exit Optionen den Anreiz aller, sich an Vereinbarungen zu halten. Exit Optionen steigern die Leistungsbereitschaft und machen uns Menschen in jedem Umfeld frei und flexibel.

Welcher deiner Beziehungen wird davon profitieren, wenn du dir deiner Ausstiegsmöglichkeit bewusst wirst?

9

IST DAS ERLAUBT ?

Wir schreiben das Jahr 1437. Bücher müssen umständlich von Hand angefertigt werden und Informationsverbreitung ist daher langsam. Der Goldschmied Johannes Gutenberg möchte genau das ändern und überlegt, wie man das Problem lösen könnte. Bevor er tiefer in die Lösungsfindung geht, fragt er seine Freunde, ob das Projekt grundsätzlich sinnvoll sei. Diese sind etwas skeptisch. Einer rät ihm: "Bevor du irgendetwas anfängst, solltest du erst mal bei der Stadtverwaltung fragen, ob du das überhaupt darfst". Gutenberg geht zur Mainzer Stadtverwaltung, stellt die Idee des Buchdrucks vor und fragt, ob das erlaubt sei. Der Stadtangestellte antwortet: "Für das von Ihnen beschriebene Vorhaben gibt es keinen definierten Genehmigungsprozess. Ich werde mich an die nächsthöhere Verwaltungsstelle wenden. Das kann bis zu einem Jahr dauern. Bis dahin wäre ich an ihrer Stelle vorsichtig - nicht, dass Sie etwas falsch machen."

Gutenberg geht daraufhin nach Hause, verwirft seine Idee und bleibt beim Goldschmieden. Der Buchdruck in Europa verzögert sich um viele Jahre und als Ergebnis kommt die Welt, wie wir sie heute kennen, nicht zustande.

Ist die Geschichte ausgedacht, vereinfacht und übertrieben? Absolut! Sie bringt aber dennoch auf den Punkt, was häufig passiert, wenn wir neue Ideen für unser Leben haben: Wir schauen uns fragend um, wen wir um Erlaubnis fragen müssen. Das ist meistens keine gute Strategie, weil es uns aufhält und unser Momentum stoppt (siehe Kapitel 24). Wir ersticken damit neue Impulse im Keim.

Anders als Kinder, denken erwachsene Menschen in Bewilligungen, Anträgen, Genehmigungsverfahren, Erlaubnissen, Zulassungsstellen, Autorisierungsprozessen oder Beschlussvorlagen. Der Knackpunkt ist folgender: Wenn es um die eigene Lebensgestaltung geht, gibt es das alles nicht. Gelingt es uns, bei Entscheidungen nicht als Erstes zu fragen, wen wir um Erlaubnis bitten müssen, vergrößern wir unseren Handlungsrahmen. Die Devise darf lauten: Ausprobieren. Das ist noch keine Garantie für Erfolg, aber eine Mindestvoraussetzung. Gestelzter formuliert: Dinge einfach zu machen ist zwar keine hinreichende, aber eine notwendige Voraussetzung für außergewöhnliche Ergebnisse.

Woher kommt der Impuls, nach Erlaubnis zu fragen? Im Kern ist es erlernte Hilflosigkeit, die wir aus drei Perspektiven betrachten können:

1. Erziehung und Sozialisierung in der Kindheit
Der eigene Handlungsspielraum ist zu Beginn unseres Lebens klein. Da unsere Fähigkeiten noch sehr begrenzt sind und uns unsere Eltern vor Unfällen und Verletzungen schützen wollen, macht dies auch Sinn. Unser Handlungsspielraum wird recht klein gehalten und uns wird anerzogen für viele Dinge um Erlaubnis zu fragen, bevor wir sie tun. Ausgewachsene, gesunde Menschen brauchen diese Einschränkung nicht mehr, da sie die Auswirkungen ihres Tuns selbst einschätzen können.

2. Aufbau unseres Staates
Der Staat kreiert den Handlungsrahmen, in dem wir uns alle bewegen dürfen, durch Erlass von Gesetzen und Verordnungen. Der Groß-teil der im Staat arbeitenden Menschen ist gewohnt, dass sie primär dafür belohnt werden, Prozesse einzuhalten - nicht dafür, Ergebnisse zu erzeugen. Wenn genau diese Menschen nun den Handlungsrahmen für unsere Gesellschaft gestalten (eben durch Gesetze und Verordnun-gen), wird dieser Handlungsrahmen darauf abzielen, für alles Vorgaben zu definieren, die eingehalten werden sollen. Wenn jemand, der selbst immer in Systemen unterwegs war, in denen er für alles um Erlaub-nis fragen muss, die Aufgabe bekommt, sich ein System zu erdenken, wie wird dann wohl das neue System aussehen? Wahrscheinlich wird es nicht darauf beruhen, Flexibilität zu gewähren. Wer schon mal eine Steuererklärung gemacht oder mit dem Finanzamt interagiert hat, weiß, wie sich das dann anfühlt. Kurz gesagt: Wir sind detaillierte Regulierung und umständliche staatliche Prozesse so gewohnt, dass wir diese Vorge-hensmuster in unsere private Entscheidungsfindung übernehmen.

3. Veraltete Arbeitsstrukturen im beruflichen Kontext
Obwohl schon längst überholt und viel kritisiert, finden sich in

Unternehmen noch immer Muster des Taylorismus. Arbeit in möglichst kleine, einfache Stücke zu teilen, um sie schnell wiederholen zu können, war eine gute Idee zur Massenproduktion vergangener Tage. Leistungszeitpunkt und -ort waren exakt vorgegeben und verantwortlich war man nur für seine eigene, begrenzte Tätigkeit. Der Handlungsspielraum eines jeden Einzelnen ist sehr gering, da die Arbeit bis ins kleinste Detail standardisiert und dann aufgeteilt wird. Noch vor wenigen Generationen hat dieses Vorgehen das Arbeitsleben unserer Vorfahren bestimmt - und im Kontext der damaligen Arbeitsinhalte auch Sinn gemacht. Bedauerlicherweise hat sich dieses Muster bis heute bei vielen nicht gelöst.

Neben diesen drei Perspektiven führt uns auch Verantwortungsaversion dazu, nicht ins Handeln zu kommen. Haben wir jemanden um Erlaubnis gefragt, trifft uns weniger Verantwortung für unsere Taten. Um Genehmigung fragen wir, um uns abzusichern. Für außergewöhnliche Ergebnisse gilt für den Beruf genauso wie für dein Privatleben allerdings: Einfach machen.

Schauen wir uns den beruflichen Kontext an: Was wünschen sich Führungskräfte? Gehaltserhöhung? Mehr Macht? Vielleicht.

Ein gemeinsamer Nenner vieler Führungskräfte ist der Wunsch nach mehr Eigeninitiative und eigenständiger Problemlösung von Seiten ihrer Mitarbeiter. Sie sehnen sich nach möglichst selbständigen Teams, also danach, nicht für jede Kleinigkeit um Erlaubnis gefragt zu werden. Ansätze wie New Work und agiles Arbeiten verlangen nach Selbstorganisation und werden daher wie Heilsbringer angesehen. Um selbstorganisiert arbeiten zu können, braucht es Befugnisrahmen, innerhalb derer man frei agieren kann - und zwar so, dass die Mitarbeiter genug Freiräume haben, sich kreativ zu entfalten, ohne dass sie sich von den Unternehmenszielen entkoppeln. Dieses freie Agieren ist vor allem da notwendig, wo komplexe Herausforderungen vor der Tür stehen. Im Prinzip ist es eine Umstellung von prozessorientiertem hin zu ergebnisorientiertem Arbeiten. Flexible Aufgabenerfüllung steht immer mehr im Vordergrund. Und hier hilft es eben nicht, wenn jeder denkt, für alles um Erlaubnis fragen zu müssen oder dies tatsächlich muss.

Was kann ich tun, wenn ich in meinem Unternehmen für alles eine Genehmigung brauche, magst du dich vielleicht fragen. Oft hilft es, schon mal Ergebnisse erzeugt zu haben, bevor man nachfragt, ob man etwas machen darf. Selbst in restriktiven Umfeldern gilt: Durch Handeln schaffst du Fakten. Wer fragt, bekommt auch eine Antwort. Es soll Führungskräfte und Verwaltungsangestellte geben, die ihre Aufgabe darin sehen, ihre Mitmenschen im Zaum zu halten. "Nein" ist ihre Daseinsberechtigung und daher auch ihre Standardantwort.

In Unternehmen sind also großzügige Befugnisrahmen der Schlüssel, um aus lähmenden Genehmigungsprozessen herauszukommen. Privat gilt dasselbe. Der Handlungsspielraum ist hier jedoch ungleich größer. Die Wahl deiner Lebensgestaltung ist von außen nur durch geltende Gesetze begrenzt. Noch zu abstrakt? Stell dir vor, du könntest dein Leben in einem neuen Land beginnen. Wie würdest du es gestalten? Ohne die konkreten Strukturen deiner aktuellen Umgebung im Kopf kommst du auch nicht in Versuchung, um Erlaubnis zu fragen, wo es nicht nötig ist.

Ich höre die Altklugen schon sagen: "Wo kämen wir denn da hin, wenn jeder einfach handeln würde, ohne vorher um Erlaubnis zu fragen?" Hierzu zwei Perspektiven:

1. Es geht nicht darum, einfach alles zu machen, was uns gerade in den Kopf kommt. Sonst würde morgen jeder klauen, was er haben wollte oder andere bösartige Dinge tun. Es geht um einen Perspektivwechsel, wenn Entscheidungen im Leben anstehen. Die Frage lautet nicht, wen ich um Erlaubnis fragen muss, sondern ob es mit geltendem Recht und Moral vereinbar ist. Fühlst du dich dazu hingezogen, etwas zu tun, was diese Kriterien erfüllt, kannst du es einfach machen - ohne eine Erlaubnis zu haben und ohne eine Anleitung von irgendwem zu bekommen.

2. Kurt Marti sagte hierzu: "Wo kämen wir hin; wenn alle sagten;
    wo kämen wir hin; und niemand ginge; um einmal zu schauen;
    wohin man käme; wenn man ginge."

Du brauchst nicht für alles eine Berechtigung. Es sind oft die großen Umstellungen im Leben, die nur wir selbst uns genehmigen können. Familie gründen, Karriere wechseln, glücklich sein - machen!

ESSENZ: Dinge einfach zu machen ist zwar keine hinreichende, aber eine notwendige Voraussetzung für außergewöhnliche Ergebnisse.

Bei wichtigen Entscheidungen sollte die erste Frage nicht lauten, wen ich um Erlaubnis fragen muss, sondern ob es mit geltendem Recht und Moral vereinbar ist. Ist dies der Fall, kann ich einfach in die Umsetzung kommen.

Bei welchem Thema wartest du auf Erlaubnis?

10

DU WIRST DICH HINGEBEN

Sind wir nicht alle ein bisschen genusssüchtig und maßlos? Und wie sollten wir es auch nicht sein, ist es doch unter anderem dieser Teil in uns Menschen, der unser Überleben als Spezies gesichert hat: Hätten unsere Vorfahren kein übersteigertes Verlangen nach etwas (genauer: energiehaltiger Nahrung) gehabt, wären wir Menschen heute nicht, wer wir sind.

Allerdings, und das ist wichtig, haben wir die Wahl, worauf wir versessen sind. Hier nur ein paar Beispiele, was wir mit voller Hingabe leben können: Mittelmäßigkeit, Mittellosigkeit, Heroinkonsum, eine Sportart, einen Job.

Du wirst dich in deinem Leben mit Dingen befassen, warum also nicht mit etwas, was dich wirklich interessiert? Wählst du nicht bewusst selbst deine Herausforderungen, werden andere Interessen deine Lebensinhalte beeinflussen. Die Impulse hierfür können aus verschiedenen Richtungen kommen. Andere Menschen und Unternehmen, die selbst eine starke Zielsetzung haben, werden dich für ihre Ziele einspannen, wenn du keine eigenen Themen hast, denen du dich bewusst widmest. Überall da, wo wir uns nicht bewusst für etwas entscheiden, werden diese Hohlräume von außen aufgefüllt. Werbung kann zum Beispiel inhaltsleere Stellen füllen. Manche Menschen geben sich dann voll dem Konsum hin. Andere arbeiten voller Hingabe unzählige Überstunden für ihren Arbeitgeber, der Leerräume mit Arbeit zu füllen weiß. Es ist also relevant, mit wem und was du dich umgibst. Dein Umfeld wird die Themen, mit denen du dich befasst, maßgeblich beeinflussen (siehe Kapitel 5).

Einhundertprozentige Achtsamkeit gelingt den wenigsten auf dieser Welt. Wir können uns aber darum bemühen, möglichst bewusst das zu tun, was wir tun. Arbeitest du für deine eigenen Träume oder für die eines anderen? Wenn wir uns über diese Frage immer mal wieder Gedanken machen, haben wir die Chance, uns bewusster auszusuchen, womit wir uns wie versessen befassen.

Ich würde sogar noch einen Schritt weiter gehen. Wir können Herausforderungen nicht grundsätzlich umgehen, auch wenn wir uns dies manchmal wünschen. Probleme gehören zu unserem Leben dazu. Warum also nicht ganz bewusst für bestimmte Herausforderungen entscheiden, bevor wir vom Zufall (oder Schicksal oder Gott oder Universum - je nachdem an was du glaubst) mit x-beliebigen konfrontiert werden? Ein Taschendieb mag sich tagein, tagaus an dem Beschaffen von Diebesgut verausgaben. Ein Bauleiter verbringt seinen Tag mit der Organisation von Baustellen. Beide beschäftigen sich mit etwas und das den Großteil ihres Tages. Überzeichnet ausgedrückt: Erfolgreich sein kann anstrengend sein, nicht erfolgreich sein, allerdings auch.

Wir können aus dem Spiel nicht aussteigen - dem Spiel, in dem es darum geht, dass wir uns, so lange wir leben, mit etwas beschäftigen. Wir machen nicht zufällig "einfach mal nichts". Selbst Meditation oder Müßiggang sind Tätigkeiten, für die wir uns entscheiden. Und wenn wir doch einmal nichts machen, geben wir uns in diesem Moment dem "nichts machen" hin.

Ein Rennpferd hat diese Wahl nicht. Es ist darauf trainiert loszurennen. Egal wo die Startbox steht, es scharrt ungeduldig mit den Hufen und rennt los, sobald sich die Türen öffnen. Wir haben die Wahl, an welchen Rennen wir teilnehmen wollen und verhalten uns doch manchmal wie die Rennpferde.

Wenn wir es geschafft haben, uns bewusst dafür zu entscheiden, was und wem wir uns im Leben hingeben, können wir uns damit befassen, auf welchem Niveau wir dies tun. Als Trainer habe ich immer wieder beobachten können, dass der Lernaufwand für einen reinen Grundlagenkurs nicht besonders viel geringer ist, als der für einen Grundlagenkurs inklusive einer Fortgeschrittenenzertifizierung.

Hierzu passt der englische Spruch: We are all in the same game, just different levels, dealing with the same hell, just different devils. Anders gesagt: Wenn du die Wahl zwischen zwei Aufgaben mit ähnlichen Widrigkeiten hast, warum nimmst du nicht die höherwertige an? Du wirst sowieso Lebenszeit mit etwas verbringen, wirst dich mit einigen

Themen eingehend beschäftigen. Der Aufwand für hochklassige Aufgaben ist häufig relativ gesehen gar nicht so viel höher als der für die niedrigeren Levels. Der Unterschied ist, dass wir die Themen auf höherem Level tiefer durchholen können und sie somit besser verstehen, was unser Gefühl von Selbstwirksamkeit stärkt.

ESSENZ: Herausforderungen werden im Leben so oder so kommen, deshalb: Wähle selber bewusst, welche du bearbeiten willst und traue dich, diese dann auf hohem Niveau anzugehen, um deine Selbstwirksamkeit zu stärken.

In welchem Thema bist du wie versessen involviert, ohne dich bewusst dafür entschieden zu haben?

11

JE ENTSPANNTER, DESTO ERFOLG

Gastbeitrag von Ann-Katrin Janiec [zertifizierte Entspannungspädagogin]

Ich lade dich ein, bei den folgenden Fragen in dich hinein zu hören: Hast du das Gefühl, in Zeiten der Entspannung nicht produktiv zu sein? Sträubt sich etwas in dir, wenn du an tiefe, regelmäßige Entspannung denkst? Kann dich der bloße Gedanke an Wörter wie Pause, Ruhe, Entspannung in Stress versetzen? Diese Zeilen sind für dich!

Es war einmal ein Spiel. Und alle, die darin besonders gut waren, lebten nicht nur angenehmer, sondern vor allem auch länger als all jene, die in dem Spiel nicht brillieren konnten. Und wenn sie nicht gestorben sind, spielen ihre Nachfahren es noch heute! Denn wir alle, die wir diese Zeile lesen, sind überhaupt nur hier, weil wir Ahnen hatten, die eine ganz besondere Begabung für dieses Spiel hatten.

Beginnen wir mit einigen wenigen Grundlagen des Spiels, welches wir alle täglich spielen:

Unser Nervensystem ist der Teil unseres Organismus, welcher der Wahrnehmung und Verarbeitung von Reizen der Außenwelt und unseres Inneren und der Reaktionssteuerung dient. Nervenfreie Organe gibt es im Körper übrigens nicht. Das Nervensystem lässt sich weiter gliedern und zwar unter anderem in das für uns hier relevante vegetative - oder auch unwillkürliche - Nervensystem. Dieses regelt die Abläufe im Körper, die man nicht mit dem Willen (also nur unwillkürlich) steuern kann. Das vegetative Nervensystem empfängt Signale aus dem Gehirn und sendet sie an den Körper. Es ist ständig aktiv und reguliert beispielsweise unsere Atmung, unseren Herzschlag und unseren Stoffwechsel.

Der Parasympathikus ist als Teil des vegetativen Nervensystems der Antagonist, also der Gegenspieler des Sympathikus. Parasympathikus und Sympathikus unterscheiden sich darin, in welcher Funktion sie die Regulation der Organfunktionen übernehmen. Der Parasympathikus reguliert die Funktionen in Ruhe- und Erholungsphasen, der Sympathikus in Stresssituationen.

Das parasympathische Nervensystem ist trophotrop, was bedeutet, dass es die Energiereserven auffüllt und den Organismus regeneriert.

Der Sympathikus bereitet den Organismus auf körperliche und geistige Leistungen vor. Er sorgt dafür, dass das Herz schneller und kräftiger schlägt, sich die Atemwege erweitern, um besser atmen zu können und die Darmtätigkeit gehemmt wird. Kurz gesagt: Der Sympathikus macht den Körper bereit zu kämpfen oder zu flüchten. Unser Körper hat die häufige kurzzeitige Aktivierung durch den Sympathikus perfektioniert.

Das kann er allerdings nur durch den Ausgleich des Parasympathikus.

Und damit kommen wir auch schon zum Kern unseres Spiels: Parasympathikus und Sympathikus - Gegenspieler genannt - spielen eigentlich miteinander. Sie gleichen sich aus. Je besser der Parasympathikus regenerieren kann, desto besser ist die körperliche und geistige Leistung des Sympathikus.

Die Kehrseite dieser Medaille liegt auf der Hand: Chronischer Stress führt zur dauerhaften Aktivierung des Sympathikus ohne Innervierung, also ohne Versorgung unserer Organe mit Nervenreizen des Parasympathikus.

Dauerhaft Gestresste haben ein höheres Risiko, einen Herzinfarkt oder Schlaganfall zu erleiden. Innere Anspannung und Konzentrationsschwierigkeiten sind erste psychische Folgen von Stress. Auch Abnehmen ist übrigens schwierig, wenn der Parasympathikus nicht in ausreichender Form im Alltag aktiviert wird.

Übertragen wir das Gelernte einmal auf unseren Alltag, unsere Sozialisierung und unsere Arbeitsmoral im 21. Jahrhundert. Es geht uns ja in der Gestaltung unseres Lebens nicht nur darum, Schäden an unseren Organen zu verhindern, sondern es geht uns heutzutage meistens darum, Höchstleistungen zu erzielen. Und die Anleitung dafür ist einfach: Je mehr und außergewöhnlicher du leisten möchtest, desto mehr und außergewöhnlicher darfst du in die Entspannung gehen!

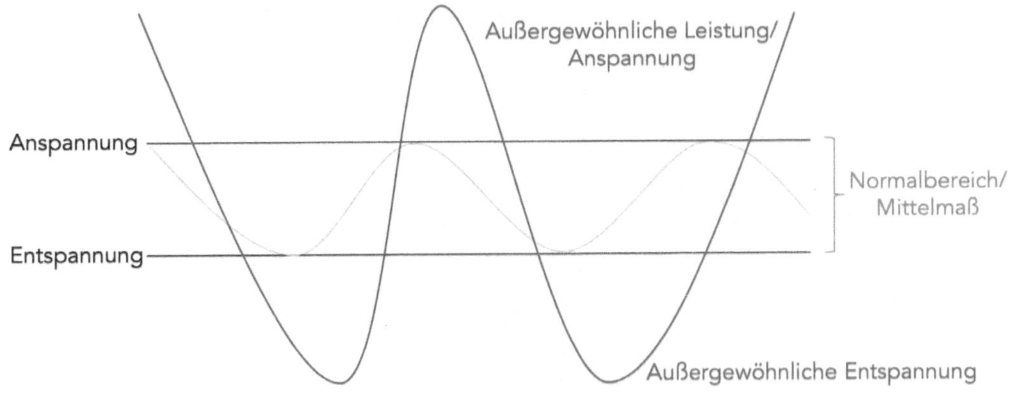

Ein Alltag, in dem nach "work-work-balance" gelebt und nach Höchstleistung gestrebt wird, mag in unserer Welt in manchen Umgebungen salonfähig, schick und en-vogue sein. Aber es ist nichts weiter als ein Paradoxon unserer Gesellschaft. Denn rein aufgrund unserer menschlichen Physis gehen diese beiden Dinge nicht zusammen. Höchstleistung - ja nicht einmal Leistung - ist ohne gute Pausen schlichtweg nicht erreichbar. Gehe dein Umfeld doch einmal durch, oder vielleicht genügt es auch, bei dir selbst zu bleiben: Konntest du schon jemals nachhaltige, dauerhafte, strapazierfähige, außergewöhnliche Höchstleistung in einem Umfeld ständiger Anspannung beobachten?

Wir haben das "Warum" geklärt. Folgt das "Wie".
Und hier habe ich gute Nachrichten: Unser Parasympathikus lässt sich trainieren: Je häufiger und qualitativ besser unsere Routinen der Aktivierung, desto besser wird sie!

Es gibt Entspannungstechniken, die in ihrem Umfang zwar hier und jetzt keinen Platz haben, die es sich allerdings zu lernen lohnt, da sie zu Teilen über Jahrtausende (!) von Experten kultiviert wurden. Dazu gehört zum Beispiel:
- Progressive Muskelentspannung nach Edmund Jacobson: Das willentlichen An- und Entspannen bestimmter Muskelgruppen

- Autogenes Training nach Johannes H. Schultz: Durch die Kraft der eigenen Vorstellung in Entspannung finden
- Meditation: Konzentrationsübungen zur Bündelung der Aufmerksamkeit
- Qigong: Eine chinesische Meditations-, Konzentrations- und Bewegungsform
- Yoga: Körperliche Übungen und geistige Konzentration
- Eutonische Übungen für eine Wohlspannung im Körper

Im Alltag schneller umsetzbare, aber leider auch "kleinere Helfer" sind die folgenden Anregungen:

- Tiefes, langsames Atmen mit einem Fokus auf längeres Aus- als Einatmen
- Interaktion mit den Elementen: Feuer oder Wasser betrachten, Holz anfassen, barfuß auf der Erde gehen
- Den Himmel betrachten und grundsätzlich in die Ferne sehen um das Blickfeld zu erweitern
- Eine Massage
- Sport und (moderate) Bewegung, idealerweise in der Natur
- Ein heißes Bad oder eine heiße Dusche

Ein Helfer, der schnell im Alltag umsetzbar ist und eine große Wirkung hat, ist übrigens der Umgang mit dem eigenen Schlaf. Täglich dieselbe Schlafenszeit und eine Schlafdauer von ca. 7-8 Stunden (je nach individuellem Bedarf) in Dunkelheit, Ruhe und einer Raumtemperatur von bis zu 18°C können Wunder wirken.[13]

Wir gehen noch einmal zurück zu den Eingangsfragen dieser Zeilen. Wer bei Entspannung statt an Weiterkommen, an Stagnation oder gar Rückschritt denkt, kennt grundlegende Zusammenhänge im eigenen Körper nicht. Du spätestens jetzt aber schon.

Darum begegne deinem Parasympathikus freundlich und einladend. Öffne dich für ihn. Sollte Entspannung ihren Weg nicht leichtfertig zu dir finden, suche dir Hilfe auf deinem Weg deinen Entspannungs"muskel" zu trainieren - das Angebot ist vielfältig und vorhanden. Denn wenn es nur eines ist, was du aus diesen Zeilen mitnimmst, dann darf es das Wissen sein, dass dich auf deinem Weg zum Ziel nichts weiter bringt als eine Pause.

ESSENZ: Je mehr und außergewöhnlicher du leisten möchtest, desto mehr und außergewöhnlicher darfst du in die Entspannung gehen. Befasse dich daher damit, wie du schnell in tiefe Entspannung findest. Hierzu gibt es verschiedene Techniken, mit denen du deine Entspannungsfähigkeiten trainieren kannst. Höchstleistung, ja nicht einmal Leistung ist ohne gute Pausen schlichtweg nicht erreichbar.

Kannst du dich schnell und bewusst entspannen? Ist das genau die Fähigkeit, die du noch ausbauen kannst?

12

WENIGER IST MEHR

Oft sind es die uns wohlbekannten, banal klingenden Weisheiten, die es wirklich in sich haben. "Weniger ist mehr" ist eine davon. Die Themen Minimalismus und Essentialismus sind genauso ergiebig wie interessant. Es gibt eine ganze Szene, die sich mit dieser Lebenshaltung befasst - und das nicht ohne Grund. Der bewusste Fokus auf die wenigen essentiellen Dinge im Leben ist aber keineswegs ein aktueller Trend, sondern tausende Jahre alt. Der römische Kaiser und Stoiker Mark Aurel lebte z. B. im 2. Jahrhundert bereits bewusst einfach. Im Grunde geht es seitdem um das disziplinierte Besinnen auf das wirklich Wichtige und das Weglassen von allem anderen. Zum bewussten Fokus auf die Essenz der Dinge gibt es verschiedene Perspektiven, die uns zusammengenommen Erkenntnisse für ein besseres Leben geben.

PARETO: Ein Grundverständnis für den Fokus auf Weniger liefert der Pareto-Effekt. Vilfredo Federico Pareto entdeckt 1906, dass 20 % der Menschen in Italien 80 % des Bodens besitzen. Er weitet seine Nachforschungen auf die Einkommensverhältnisse aller südeuropäischen Länder aus und kann folgendes Phänomen nachweisen: 80 % der Ergebnisse werden mit 20 % des Aufwandes erreicht. Für das Erreichen der verbleibenden 20 % der Ergebnisse braucht es dann 80 % des Aufwandes. Seitdem lässt sich die Regel vielfach statistisch wiederholen - In Firmen bringen 20 % der Kunden 80 % der Umsätze; wir tragen zu 80 % der Zeit dieselben 20 % unserer Kleidung. 80 % unserer Kalorien nehmen wir mit 20 % unserer Nahrung auf. Die Frage, die wir uns nach Paretos Prinzip immer stellen dürfen, ist also: Mit welchen 20 % meiner Aktivitäten erreiche ich 80 % der gewünschten Ergebnisse. Oder anders ausgedrückt: Sind die verbleibenden 20 % des Ergebnisses wirklich 80 % des Aufwandes wert? Wahrscheinlich kannst du dir in vielen Bereichen deines Lebens viel Mühe sparen - dich auf das Wesentliche konzentrieren. Selbstverständlich gibt es Aufgaben, die 100 %-ige Genauigkeit verlangen, bei allen anderen können wir uns wertvolle Energie sparen.

STURGEON: Etwas weiter und etwas drastischer geht Theodore Sturgeon. Die Reaktion des Science Fiction Autors auf Kritik gegen sein Genre wurde zum Gesetz. Auf die Aussage, dass 90 % aller Science

Fiction Romane Mist seien, sagt er: "Nun, sie haben recht. 90 % von allem ist Mist". Wörtlich sagte Sturgeon: "Well, they are right. 90 % of everything is crud, and it's the ten percent that isn't crud that is important." Um es auf den Punkt zu bringen: "90 % von allem ist Mist". Das bezieht sich nicht nur auf Science Fiction Romane, sondern auf alles - Musik, Physik, Chemie, Medizin, die Liste ist unendlich lang.[14] 90 % der geschriebenen Bücher sind Mist, 90 % aller produzierten Musik ist höchstens drittklassig, 90 % aller Produkte sind für die Tonne. 90 % aller Informationen, mit denen du konfrontiert wirst, sind irrelevant für dich (siehe Kapitel 31). Die Kunst ist also, die wenigen wirklich exzellenten Dinge zu identifizieren und alles andere wegzulassen.

EXZELLENZ: Das bringt mich direkt zum nächsten Punkt, der "Weniger ist mehr" nochmal unterstreicht: Das Exzellente ist der Tod des Guten. Ich hatte schon immer ein Faible für tolle Uhren und habe mir immer wieder verschiedene Modelle unterschiedlicher Marken zugelegt. Als mir mein Vater jedoch seine eigene Uhr schenkte, änderte sich das drastisch. Die Uhr ist ein zeitloser Klassiker, die er zum 35-jährigen Firmenjubiläum geschenkt bekommen hat. Eine Uhr aus edelsten Werkstoffen - auf der Rückseite mit seinem Namen graviert, der mich täglich an ihn und seinen Lebenswandel erinnert. Ich trage seitdem keine andere Uhr mehr, die anderen konnte ich ohne darüber nachzudenken gehen lassen. Ich habe die eine für mich optimale Uhr gefunden. Sie ist exzellent, alles andere war nur gut. Diese Erkenntnis bezieht sich nicht nur auf materielle Dinge. Auch unsere Beziehungen, unser Job und unsere Erlebnisse unterliegen dieser Idee. Wenn wir uns darauf fokussieren, Exzellenz zu finden, werden die vielen guten Dinge da draußen irrelevant. Wir brauchen weniger, haben aber dafür mehr. Mehr Freude, mehr Nutzen, mehr Erfüllung, mehr Klarheit, mehr Freiheit.

WEGLASSEN: "Perfektion ist nicht dann erreicht, wenn man nichts mehr hinzufügen, sondern wenn man nichts mehr weglassen kann." So formuliert es Antoine de Saint-Exupéry. Eine Leitfrage kann also sein: Was kann ich weglassen, um es besser zu machen? Diese Frage kann sich auf Aktivitäten, Beziehungen und materielle Dinge beziehen.

Der Knackpunkt ist: Nur gehabt zu haben, befreit vom haben wollen. Viele von uns müssen den Sportwagen besessen haben, um feststellen zu können, dass sie ihn nicht brauchen. Und viele von uns müssen die ekstatischen Parties gefeiert haben, bevor sie sich entscheiden können, sie nicht mehr zu benötigen. Solltest du zu dieser Gruppe Menschen gehören, dann folgen hier zwei Gedanken für dich:

1. Wie wir dahin kommen, erst gar nicht mehr 'haben zu wollen', haben wir erfreulicherweise selbst in der Hand. Zu jeder möglichen Entscheidung gibt es auch interessante Alternativen: Ich muss nicht Eigentümer des Sportwagens sein, sondern kann ihn mir auch mieten. Genauso muss ich nicht täglich und vielleicht auch nicht exzessiv feiern.

2. 'Gehabt zu haben' stellt oft ein großes Hindernis auf dem Weg zu einem einfacheren Leben - im positivsten Sinne des Wortes - dar. Verschenken, Verkaufen und Wegwerfen nicht mehr benötigter materieller Habseligkeiten sind zwar valide Handlungsoptionen, jedoch kommen sie oft Hand in Hand mit einem subtilen Gefühl von Unverständnis, Ärger oder sogar Scham über uns selbst und das eigene frühere Konsumverhalten. Ein klassischer Denkfehler, von dem wir uns befreien dürfen. Insbesondere materielle Besitztümer, die uns keinen Wert mehr stiften zu behalten, nur weil wir früher einmal in sie investiert haben, kostet uns doppelt: An diesem Punkt besitzen nicht mehr wir die Dinge, sondern sie uns. Ohne das frühere Hinzufügen, kein heutiges Weglassen und ohne das heutige Weglassen kein Erreichen des süßen, einfachen Lebens.

Lass uns nach diesen Impulsen auf unseren Alltag schauen. Ohne einen guten Kaffee geht bei dir morgens gar nichts? Ohne Frühstücksei geht am Sonntag die Welt unter? Meine These ist, dass wir uns an Annehmlichkeiten so sehr gewöhnen, dass wir sie irgendwann für Lebensnotwendigkeiten halten. Wieso ist das der Rede wert? Weil wir unflexibler werden, je mehr Voraussetzungen erfüllt sein müssen, um uns am Funktionieren zu halten.

Im Extremfall wird schnell klar, worüber ich spreche: Stell dir eine echte Diva vor, die nur auftreten "kann", wenn ihre Garderobe in einem bestimmten Weißton gestrichen ist und 47 bei Vollmond gepflückte rote Lilien in einer Mingvase auf einem Ebenholztisch bereitgestellt wurden. Hier sehen wir glasklar, dass das keine echten Grundbedürfnisse mehr sind, sondern Allüren. Die Diva könnte selbstverständlich ohne die Erfüllung dieser Empfindlichkeiten performen - sie hat sich aber so sehr daran gewöhnt, dass sie subjektiv das Gefühl hat, es würde eine Grund-voraussetzung sein.

Die Grenzen zwischen echten Bedürfnissen und Annehmlichkeiten, die zur Gewohnheit geworden sind, verschwimmen auch bei dir und mir - auch wenn du und ich uns vielleicht nicht als Diva bezeichnen würden. Braucht mein Körper wirklich jeden Morgen einen Barista-Kaffee oder reicht eigentlich stilles Wasser? Braucht mein Projekt wirk-lich einen 23-köpfigen Lenkungsausschuss oder reichen 3 potente Experten, um die relevanten Entscheidungen zu treffen?

Um flexibel und leistungsfähig zu bleiben, ist es enorm hilfreich, zu identifizieren, was du wirklich brauchst, um dein System am Laufen zu halten und wo du divenhaftes Verhalten an den Tag legst. Unter System kannst du in diesem Kontext vieles verstehen: Deinen Körper, dein Projekt, dein Unternehmen oder dein Geist.

Sollst du jetzt auf deinen morgendlichen Espresso verzichten? Natür-lich nicht - du kannst ihn aber als das identifizieren, was er ist: eine Annehmlichkeit - nicht mehr und nicht weniger. Dein Körper funktio-niert ohne die Dosis Koffein genauso gut (vielleicht sogar besser).

Annehmlichkeit kann also ein Grund dafür sein, warum wir mehr in unserem Leben haben, als wir eigentlich brauchen. Es gibt im Detail noch viele weitere Gründe, doch was ist es auf übergeordneter Ebene?

Erkennen wir den zugrunde liegenden Zusammenhang, warum wir eher zu einem Mehr als zu einem Weniger tendieren, können wir den Kreis durchbrechen. Es ist tatsächlich ein Teufelskreis, der wie folgt aussieht:

Erregung - Vertrautheit - Langeweile

Der Mensch ist das Tier, das sich langweilt. Daher suchen wir nach Erregung, durch neue Dinge, Beziehungen oder Aktivitäten. Dieses Phänomen hat seinen Ursprung übrigens im Kontext der Reproduktion: Nichts macht uns hormonell gesehen leidenschaftlicher als die Unsicherheit des Neuen - ein kluger Schachzug der Natur. Dadurch wird unsere sexuelle Aktivität erhöht und damit die Chance auf erfolgreiche Reproduktion. Durch Gewöhnung und Vertrautheit klingt die Erregung des Neuen wieder ab - der anfängliche Nervenkitzel lässt nach. Eine wichtige Entwicklung, denn die Natur möchte nun Raum schaffen für das Umsorgen des Nachwuchses. Raum, den wir nicht hätten, wären wir in jeder Phase unseres Lebens mit der Reproduktion ausgelastet. Hormonell wird dieser Prozess vor allem durch das Glückshormon Dopamin (auch "haben-wollen-Hormon" genannt) reguliert: Die Empfänger-Rezeptoren für Dopamin regulieren ihre Empfindlichkeit im Laufe der Zeit für denselben Reiz herunter, um ein Gleichgewicht herzustellen. Jetzt langweilen wir uns wieder - der Kreis beginnt von vorne - mit immer stärkeren Reizen, mehr Dingen, Beziehungen und Aktivitäten.[15]

Die gute Nachricht ist: Obwohl es nachgewiesenermaßen manchen von uns leichter fällt als anderen, sind wir Menschen doch alle im Stande, diesen Kreis zu durchbrechen. Dabei unterstützt uns das reine Bewusstmachen unserer menschlichen Natur. Es sind hormonelle Vorgänge, die "das Neue" reizvoll verkleiden. Nicht um uns zu Übermaß zu verleiten, sondern für eine gesteigerte Chance auf Reproduktion, welche das Fortbestehen von uns Menschen auf diesem Planeten sichert. Da wir von der Natur darüber hinaus mit der Fähigkeit ausgestattet wurden, rationale Entscheidungen zu treffen, ist es für uns trotz Dopaminausschüttung möglich, individuelle Entscheidungen - beispielsweise gegen übersteigerten Konsum - zu treffen.

Um den Zirkel aus Erregung-Vertrautheit-Langeweile zu durchbrechen, gibt es zwei weitere, einfach wirkende Dinge: Die Rückkehr zum Einfachen und Dankbarkeit. Diese Rückkehr ist nicht als Rückschritt zu sehen. Auf der einen Seite helfen wir unserem Hirn, Reize wieder so wahrzunehmen, wie wir sie zu Beginn wahrgenommen haben. Durch die Rückkehr zu den einfachen Dingen schrauben wir unsere Erregungsgrenze wieder herunter und müssen so nicht ständig die Dosis der Reize erhöhen. Auf der anderen Seite ist die Rückkehr zum Einfachen notwendig für außergewöhnliche Leistung. Schaut man auf wahre Meister ihres Faches, lässt sich beobachten, dass auch sie sich immer noch - oder vielleicht besonders - mit den Grundlagen befassen. Die Rennrad-Olympiasiegerin, die sich im Training nur darauf konzentriert, wie genau sie in die Pedale tritt. Der Weltklasse-Flötist, der sich täglich im Töne aushalten übt, oder der Schwimmweltmeister, der regelmäßig das Kraulschwimmen verfeinert. Alles Grundlagen, alles einfach - genau in dieser Einfachheit liegt der Schlüssel für Dankbarkeit, die uns unser Leben bewusst genießen lässt. Denn: Wer dankbar für das ist, was er hat, fühlt nicht ständig den Drang nach Neuem.

ESSENZ: Unser ständiges Streben nach Mehr und Neuem liegt in der Sicherstellung des Überlebens unserer Spezies begründet. Es ist dennoch möglich, sich auf die essentiellen Dinge im Leben zu besinnen und dadurch etwas dazu zu gewinnen: Klarheit, Freiheit, Seelenfrieden.

Was hast du durch Weglassen verbessert?

13

92

TIGER-LINE

Viele von uns leben ein "Um-Zu-Leben": Erst 40 Jahre arbeiten, um dann im Ruhestand das Leben zu genießen. Man erkennt diese Menschen an der unterschiedlichen Energie in verschiedenen Lebensbereichen. Der Job im Katasteramt Düsseldorf-Pempelfort wird mit freizeitorientierter Schonhaltung abgesessen, während beim Hobby Wildwasserrafting am Wochenende Knallgas gegeben wird. Hier wird über Bande gespielt. Im Billard spielt man über Bande, wenn der Ball zuerst an die Bande gestoßen wird, um dann indirekt sein Ziel zu erreichen. Selbes tun viele im übertragenen Sinne in ihrem Leben. Wir dürfen uns fragen, warum wir überhaupt über Bande spielen und ob wir unsere Ziele nicht unmittelbar in unser Leben holen können. Wenn ich Wildwasserrafting liebe, warum werde ich nicht Rafting-Guide oder eröffne einen Kajak-Verleih?

Erstmal kleinere Projekte zu übernehmen, um dann größere leiten zu können, ist nicht über Bande gespielt, sondern sinnhaft. Es gibt Ziele und Vorhaben, die wir nicht direkt angehen können. Hier braucht es einen Lehrweg, der durchaus in kleinen Schritten passieren darf. Diese Art Umweg bewegt sich allerdings in die grundsätzlich richtige Richtung - in die Richtung unserer eigentlichen Ziele.

Ich spreche hier vielmehr von solchen Umwegen, die uns von unseren Bedürfnissen entfernen. Manch einer wünscht sich Ruhe, arbeitet für Jahrzehnte jeden Tag 8 Stunden in einem lauten, stressigen Beruf, nur um dann eine ruhige Rente zu verbringen. Andere wünschen sich ein Leben in der Natur und arbeiten ihren Lebtag in künstlichen Betonbauten und Neonlicht.

Um es konkreter zu machen und ein Klischee zu bedienen: Sein Bedürfnis und Lebensziel ist und war es schon immer, eine große Familie zu gründen und viel Zeit mit dieser zu verbringen. Um sich das zu ermöglichen, denkt er, er müsse viel Geld verdienen. Also geht er nach dem Studium in eine Unternehmensberatung und arbeitet dort 100 Wochenstunden - manchmal mehr. Danach folgt der Sprung in eine Führungsposition eines großen Unternehmens. Bis zum Ruhestand arbeitet er jetzt noch mehr. Im Ruhestand merkt er, dass seine Kinder längst aus dem Gröbsten raus sind und kein großes Interesse mehr an

Zeit mit Papa haben: Hier wurde über Bande gespielt.

Jeder kennt Menschen, die über viele Jahre ein Spiel spielen, das sie überhaupt nicht mögen, in der Hoffnung, irgendwann ihrem ursprünglichen Bedürfnis nachzugehen. Manche Menschen wollen das Eine und machen den Großteil ihres Lebens das Andere. Um es mit Henry David Thoreau zu sagen: "Die meisten Menschen führen ein Leben in stiller Verzweiflung." Sie sind ver-zwei-felt, sind hin- und hergerissen. Die Freundin, die ein Strandcafé eröffnen möchte, aber ihr Leben lang als Versicherungsfachangestellte arbeitet. Der Onkel, der eine Motorradwerkstatt führen will und stattdessen 40 Jahre bei einer Gewerkschaft arbeitet. "Zwei Seelen wohnen, ach! in meiner Brust" so beschrieb es Johann Wolfgang von Goethe.

Um schnell Klarheit darüber zu bekommen, ob wir selbst über Bande spielen, hilft uns die Frage: Warum mache ich das hier eigentlich? Damit ist hier nicht irgendein pathetischer Lebenssinn, also die Frage nach "purpose" gemeint. Hier geht es ganz pragmatisch um die Frage, was wir uns erhoffen, was passiert, wenn wir mit etwas fertig sind. Das ist nämlich häufig das, was wir eigentlich erreichen wollen. Aristoteles spricht von der Finalursache und meint damit genau das, was wir gerade besprechen. Die Finalursache ist das Ziel oder der Zweck, um dessentwillen etwas geschieht. Um es in Fragen auszudrücken: Was ist der Erfolg, den wir uns nach einem bestimmten Erfolg versprechen? Was ist Aufgabe eines bestimmten Zieles, das wir uns gesetzt haben?

Um nicht selber über Bande zu spielen, hilft es, das Konzept der "Tiger-Line" zu kennen. Tiger-Line ist ein Begriff aus dem Golfsport und beschreibt einen weiten, riskanten Schlag in direkter Linie zum Ziel. Also nicht zuerst in den Sandgraben, dann wieder aufs Grün, um dann ans Loch zu gelangen, sondern über alle Hindernisse hinweg direkt aufs Loch zielen. Was im Golf einen eigenen Namen hat, kann uns auch im Alltag helfen. Warum nicht einfach die Tiger-Line spielen? Warum nicht den direkten Weg wählen und die Hindernisse umgehen? Warum nicht den Traumpartner ansprechen? Warum nicht auf die geliebte Ferieninsel ziehen? Warum nicht Teilzeit arbeiten? Die Tiger-Line wagen und im besten Fall mit weniger Energie und ohne Frustration direkt zum

Ziel kommen. Wie auch beim Golf kommst du schneller näher an deine eigentlichen Ziele und Bedürfnisse.

Über Bande zu spielen hat einen Nebeneffekt, dem du dir bewusst werden darfst: Du wirst kompetent auf deinem Umweg - in etwas anderem, als du eigentlich willst.

Ein kleines Mädchen war schon in der Grundschule fasziniert von Jazzmusik. Sie wollte unbedingt Saxophon lernen und beim Jazz als Solistin improvisieren. In der Musikschule wurde empfohlen, zunächst 7 Jahre klassisches Klavier zu lernen, um eine bessere Grundlage für die spätere Harmonielehre zu legen. Achtung: Umweg. Macht das Mädchen dies, wird sie Spezialist im Spielen eines Harmonieinstrumentes und klassischer Musik. Dieses "Um-Zu" hätte sie ihrem eigentlichen Ziel - dem Spielen eines Melodieinstrumentes im Jazz - nur indirekt nähergebracht und sie in ihrem jungen Alter vielleicht auf dem Weg aufgeben lassen.

Warum spielen wir überhaupt über Bande? Es liegt an unseren Glaubenssätzen. Die Annahmen über uns und unsere Umwelt können uns bei dem direkten Verfolgen unserer Ziele massiv limitieren. Werden wir uns den folgenden zwei Kategorien von Glaubenssätzen bewusst, werden wir besser im Tiger-Line spielen.

1. Begrenzende Annahmen

Es gibt generelle Überzeugungen, die es uns nicht erlauben, die Dinge direkt anzugehen. Solche Glaubenssätze könnten sein, dass "man" Dinge nicht "einfach so" machen "darf" oder dass der direkte, einfache Weg nie funktioniert. Etwas spezieller können uns auch Annahmen wie "Im Beruf geht es nicht um Freude", oder "Für Männer steht der Job an erster Stelle" auf Umwege führen.

Hier gilt: Ausprobieren, ob die eigenen Annahmen überhaupt stimmen. Glaubst du, Mozart hat den Glaubenssatz übernommen, dass "ein Kind noch nichts Vernünftiges komponieren kann"? Wohl eher nicht. Es ist überraschend, wie oft es einfach und anders geht.

2. Glaube an Regeln und Abläufe

Häufig stehen uns Glaubenssätze nach dem Schema "wenn…, dann …" im Weg. "Nur wenn ich hart arbeite, darf ich meinen Bedürfnissen nachkommen." oder "Nur wenn ich alle vorgegebenen Prozessschritte einhalte, komme ich an mein Ziel." können solche Sätze sein. Manche Menschen brauchen Listen zum Abarbeiten und glauben daran, dass es eine definierte Vorgehensweise zu allem gibt.

Hier gilt: Bewusst werden, dass alle Regeln von irgendjemandem ausgedacht sind. (siehe Kapitel 6)

Über Bande spielen können wir in verschiedenen Ausprägungen. Wollen wir unsere Bedürfnisse befriedigen, ist es sinnvoll, sich zu fragen, ob man überhaupt auf dem Weg dorthin ist. Haben wir die Glaubenssätze identifiziert, die uns über Bande spielen lassen, haben wir schon den größten Schritt gemacht, um sie aufzulösen. Um sie dann weiter zu relativieren, hilft es, zu hinterfragen, ob unsere Annahmen wirklich stimmen und woher wir sie überhaupt haben - so einfach kann es sein. Zum Auflösen von limitierenden Glaubenssätzen gibt es unzählige Techniken, doch auch hier gilt: Tiger-Line. Mach es einfach und direkt. Alle sagten: Das geht nicht. Dann kam einer, der das nicht wusste und hat es einfach gemacht.

ESSENZ: Bist du dir deiner Bedürfnisse und Ziele bewusst, verfolge sie auf direktem Wege. Über Bande zu spielen bedeutet, etwas zu tun, um im Grunde etwas völlig anderes zu erreichen. Hierbei kann man verzweifeln, da man Lebenszeit mit etwas verbringt, was man im Grunde nicht wirklich möchte und hierin unter Umständen auch noch zum Profi wird. Wir dürfen uns begrenzenden Annahmen und dem Glauben an Regeln bewusst werden, um diese limitierenden Glaubenssätze aufzulösen. Auf diese Weise können wir unsere Bedürfnisse und Ziele per Tiger-Line - über den direkten Weg - befriedigen.

Wo spielst du in deinem Leben über Bande?

14
MEMENTO MORI

Wäre es nicht schön, wenn wir jeden Moment genießen könnten, immer mit Klarheit durchs Leben gehen könnten, die richtigen Prioritäten setzen würden und dabei auch noch tiefe Dankbarkeit spüren würden? Selbst wenn uns das nicht immer gelingt, gibt es einen Gedanken, der uns diesem Zustand näherbringen kann: "Memento Mori" - Bedenke, dass du sterben wirst.

Der Gedanke an unsere eigene Vergänglichkeit ist so alt wie die Menschheit selbst, und trotzdem leben wir oft, als würde unsere Zeit auf dieser Welt nicht ablaufen. Es sind meistens die Menschen, die ganz direkt mit ihrem eigenen Tod konfrontiert werden, die das Leben ganz bewusst gestalten. Auch mein Mentor Harald ist da keine Ausnahme. Mit 57 Jahren bleiben ihm durch eine Erkrankung des Herzens aktuell noch 17 Prozent seiner Herzleistung. Mit dieser Diagnose wird er rein statistisch gesehen nicht besonders alt. Er weiß, dass er sterben wird und er weiß, dass das vermutlich nicht besonders weit in der Zukunft liegt. Doch ist er deswegen weder traurig noch kraftlos - im Gegenteil: Harald strotzt vor Lebensfreude und Energie. Er macht Sport auf einem Niveau, auf dem viele kerngesunde Menschen nicht mithalten können. In seiner Gegenwart spürt man die Liebe am Leben. Er ist geistig absolut klar und aufgeräumt - immer auf den Punkt. Er ist mit tiefer Dankbarkeit ausgestattet und geht mutiger und entschlossener an seine Projekte als die meisten Menschen mit voller Herzleistung, die ich kenne.[16]

Irgendwie komisch, oder? Harald weiß zwar im Gegensatz zu dir oder mir konkreter, dass sein Sterbedatum höchstwahrscheinlich nicht in ferner Zukunft liegt, das heißt aber nicht, dass du oder ich tatsächlich länger leben als er. Trotzdem erlebe ich ihn an vielen Stellen bewusster leben als ich - und vielleicht auch du - es tust.

Die Auseinandersetzung und das Bewusstmachen des eigenen Todes bringt uns also scheinbar dem Leben näher - paradox und wirkungsvoll.

Was haben wir für Möglichkeiten, uns ganz konkret mit unserer Sterblichkeit zu konfrontieren, um dadurch bewusster am Leben teilzunehmen? Dem ein oder anderen reicht es schon, wenn sie im Alltag "Carpe diem" auf Wänden oder fremden Körpern tätowiert sehen. Wie wir uns "Memento Mori" vergegenwärtigen, ist letztlich eine Frage der persönlichen Vorlieben.

Gerne möchte ich dir hier zwei allgemeinere und vier persönlichere Möglichkeiten vorstellen dich mit dem Tod zu konfrontieren:

ALLGEMEINERES MEMENTO MORI

1. Friedhof
Um Dinge zu begreifen, ist es hilfreich, sie mit verschiedenen Sinnen zu erfahren. Da man den Tod nicht anfassen kann, bringt uns ein Spaziergang über den örtlichen Friedhof zumindest nah an ihn heran. Schon kurze Zeit an der letzten Ruhestätte kann uns zur gesunden Reflexion verhelfen. Auf diese Weise ist auch ein Totenacker fruchtbar.

2. Hospiz
Umgeben wir uns mit den Menschen, die sich in der letzten Phase ihres Lebens befinden, kann uns ihr Umgang damit inspirieren. Sterbende Menschen sind kein gängiger Teil unseres Alltags. Doch was hinter den verschlossenen Türen eines Hospizes stattfindet, kann von großem Wert sein. Die Gedanken, Gefühle und Erkenntnisse von Menschen im Sterbeprozess können klar und reflektiert sein. Engagieren wir uns freiwillig in einem Hospiz, können wir nicht nur den Menschen dort durch unsere Anwesenheit ihr Leben verschönern, sondern auch viel für unser eigenes Leben lernen.

AUF DEIN EIGENES LEBEN BEZOGENES MEMENTO MORI

1. Poster oder Bandmaß
Jeder Moment, den du erlebt hast, gehört bereits dem Tod. Lies das nochmal. Toller Perspektivwechsel, oder? Alles vor dem aktuellen Moment ist bereits tot und alles nach dem aktuellen Moment ist nicht garantiert. Bewusstsein hierfür kann ein Poster stiften. Auf diesem Poster ist jede Woche deines Lebens als kleiner Kreis dargestellt. Jede Woche, die du bereits verlebt hast, wird ausgemalt, die noch verblei-

benden bleiben leer. Die Idee geht auf die Stoiker zurück, weshalb man hierbei vom "stoischen Lebenskalender" spricht.

Ähnliches kannst du mit einem Maßband machen. Jeder Zentimeter steht für ein Jahr deines Lebens. Planst du 85 Jahre alt zu werden, kürzt du es auf 85 Zentimeter. Für jedes gelebte Jahr schneidest du einen Zentimeter ab. So siehst du grafisch, wie viel Zeit dir noch bleibt und welcher Anteil deines Lebens schon gestorben ist.

Solltest du dich fragen, woher du wissen sollst, wie lange du lebst, hier meine Herangehensweise: Ich glaube an das Prinzip der selbsterfüllenden Prophezeiung und demnach gehe ich von meinem Wunschalter aus. Ich möchte 111 Jahre alt werden und so habe ich einige Stunden nach meinem 111. Geburtstag als Sterbedatum angenommen. Man könnte hier natürlich auch in statistische Sterbetafeln schauen oder sich ein willkürliches Datum setzen. Der Punkt ist aber nicht so sehr die konkrete Zahl, sondern vielmehr die Tatsache, dass dir viel bewusster wird, wie schnell die Wochen, Monate und Jahre vergehen. Das Ganze ist so lange unemotional, bis man es für sich selbst tatsächlich einmal macht.

2. Bildschirmschoner

Ich habe festgestellt, dass die reine Vorstellung an die eigene Sterblichkeit zu abstrakt ist, um ein echtes Dringlichkeitsgefühl für wichtige Themen aufzubauen, also habe ich mir einen Countdown eingerichtet und zwar als Bildschirmschoner. Auf meinem Laptop zählt mein Bildschirmschoner seitdem die mir auf dieser Welt verbleibenden Tage, Stunden, Minuten und Sekunden. Der Countdown läuft gnadenlos rückwärts herunter - Sekunde für Sekunde.

Ist das makaber? Vielleicht. Mir treibt es auf jeden Fall jedes Mal den Puls etwas in die Höhe und das ist auch genau gut so. Plötzlich bin ich hellwach und hinterfrage mit völlig anderer Perspektive, ob mich das, was ich gerade tue, wirklich näher an meine Ziele bringt. Mein Tod ist die Deadline und das Projektziel ist für mich Freiheit, Abenteuer, Erfüllung und Familie erlebt zu haben.

3.   Armbanduhr

Die Idee, durch das Bewusstsein der verbleibenden Lebensminuten Dringlichkeit für die wirklich wichtigen Dinge aufzubauen, hatten schon einige Menschen. Eine ganz besondere Idee, die daraus entstanden ist, ist der "Tikker". Der Tikker ist eine Countdown-Uhr, die dir statt der aktuellen Tageszeit deine Restlebenszeit am Handgelenk anzeigt. Diese Uhr kann unsere Perspektive zurechtrücken. Sie zeigt, dass die Anzeige der aktuellen Tageszeit viel weniger relevant ist als die Information darüber, wie lange du überhaupt noch Zeit hast.

Findest du dich zum Beispiel in einer Situation wieder, in der du dich eigentlich nicht befinden möchtest, , kannst du dich mit einem Blick auf die Uhr entschuldigen und sagen: "Hierfür habe ich gerade keine Zeit - ich muss weiter!" - und das wäre noch nicht einmal gelogen.

4.   Nachruf

Eine emotionale Übung kann es sein, die eigene Grabrede zu schreiben. Hört sich vielleicht seltsam an, ist allerdings sehr wirkungsvoll. Schreibe deinen Nachruf so, wie du möchtest, dass über dich an deinem Grab gesprochen wird. Was für ein Mensch warst du? Womit hast du deine Zeit verbracht? Wofür hast du gebrannt? Wofür wird man dir danken und sich an dich erinnern? Frage dich, welchen Ein- und Abdruck du hinterlassen haben möchtest und schreibe all das in einer Trauerrede über dich selbst auf. Am besten liest du sie dir dann laut vor.

Die Diskrepanz zwischen der Person, über die du dort sprichst und der Person, die du jetzt bist, kann dir die Augen öffnen für Klarheit, die richtigen Prioritäten und Dankbarkeit.

Der Tod schenkt uns die Begrenzung des Lebens. Nur weil es endlich ist, können wir es als so kostbar erleben.

 "Memento Mori" - Bedenke, dass du sterben wirst. Konfrontiere dich ganz konkret mit deiner Sterblichkeit, um bewusster am Leben teilzunehmen. Ein Besuch auf dem Friedhof, Aushelfen im Hospiz, Visualisierung der eigenen Rest-Lebenszeit oder das Schreiben der eigenen Grabrede: Alles Praktiken, die dazu führen, mit mehr Klarheit, den richtigen Prioritäten und Dankbarkeit durchs Leben zu gehen.

Hast du schon darüber nachgedacht, wie viel Zeit dir noch bleibt, um deine Träume in die Tat umzusetzen?

MEINUNGEN EINORDNEN

15

WIRKLICH WAHR?

Du hörst sie jeden Tag: Aussagen von verschiedensten Menschen über alles Mögliche auf dieser Welt. Da stellen auch die Aussagen auf diesen zauberhaften Seiten keine Ausnahme dar. Drängt sich dir auch manchmal die Frage auf, ob das, was du hörst oder liest, wirklich wahr ist?

Vor allem, wenn es um Lebens- oder Karriereentscheidungen von unseren Mitmenschen geht, scheint sich jeder im Stande zu fühlen, eine klare Bewertung abzugeben.

Wieso ist mir dieses Thema der Rede wert? Weil ich mich (und du dich wahrscheinlich auch) von Äußerungen beeinflussen lasse, anstatt zunächst einen Schritt zurückzutreten und zu hinterfragen, was dahinter steckt.

Ein Beispiel für eine Aussage, die ich hier meine: „Der hat ja ganz schön lange gebraucht, um die Karriereleiter aufzusteigen!"
Ein weiteres Beispiel: „Unser Nachbar ist ein sehr erfolgreicher Geschäftsmann. Mit dem Elternhaus würde das aber jeder schaffen."

Um Klarheit in Bezug auf mein diffuses Unwohlsein in Bezug auf solche Aussagen zu schaffen, lass uns Aussagen in zwei Kategorien unterteilen:

- Deskriptive Äußerungen: Rein beschreibende Aussagen, die keine Ansprüche oder Urteile enthalten. Ein Beispiel hierfür: "Die Sonne schien heute 7 Stunden."

- Normative Äußerungen: setzen eine bestimmte Norm (Gesetz oder Regel) als gegeben voraus. Sie versuchen nicht zu begründen, warum diese Norm gilt, sondern messen etwas an dieser Norm. Hierzu zählen die erstgenannten Beispiele.

Mit dieser Unterscheidung im Hinterkopf lässt sich besser einordnen, welche Art Aussagen welchen Hintergrund und somit welche Relevanz für unsere Entscheidungen haben.

Ich habe lange versucht, auf den Punkt zu bringen, was mich an normativen Äußerungen stört, bis ich auf Humes' Gesetz gestoßen bin. Der gute Herr David Hume hat zusammengefasst gesagt:

"Ich kann nicht von dem, was ist, auf das, was sein sollte, schließen."

Aha! Woher soll ich - oder irgendjemand anders - wissen, wie etwas sein sollte bzw. welchen Wertmaßstab ich anlegen sollte? Das würde ein Wissen voraussetzen, was in kaum einem Sachverhalt irgendwem auch nur im Ansatz zur Verfügung steht. Ob jemand den "richtigen" Karriereschritt gegangen ist oder eine "gute" Liebesbeziehung führt? Ich kann es schlicht und ergreifend nicht sagen. Jede Aussage, die ich treffen würde, wäre normativ. Natürlich darf ich diese äußern - jeder darf sich aber darüber bewusst sein, dass diese Äußerung eben nicht die objektive, unumstößliche Wahrheit ist, sondern lediglich meine subjektive, individuelle Bewertung.

Und genau hier liegt der Anstoß für dieses Kapitel: Wir (ich selbst zumindest) nehmen Aussagen (egal ob deskriptiv oder normativ) oft für bare Münze. Genau das gilt es klüger anzugehen - Klarheit zu erlangen. Das jetzt jeder nur noch deskriptive Aussagen treffen sollte, ist selbstverständlich nicht mein Punkt. Es geht um die bewusste Bewertung von den Informationen, die auf uns einprasseln - um Klarheit. Ist das Gesagte eine wahre Information oder nur eine persönliche Meinung?

Natürlich kann auch letzteres für mich von großem Wert sein und darf beispielsweise meine Entscheidung beeinflussen - wenn ich dies für sinnvoll erachte und mich ganz bewusst dafür entscheide.

Wieso manche Menschen bestimmte Normen als gegeben ansehen, kann z. B. in der Sozialisierung, der Erziehung, dem Umfeld oder am aktuellen Meinungsbild der Medien begründet sein. Normative Aussagen sind oft in nebulösem Halbwissen begründet. Warum eine Norm (also ein Wertmaßstab) überhaupt gelten sollte, ist für den Urteilenden völlig irrelevant. Der Maßstab wird nicht hinterfragt, er wird einfach angelegt.

Also was tun, wenn man eine normative Äußerung (wie in obigen Beispielen) hört? Es ist so einfach, wie es schwierig ist: Hinterfragen, wer die Aussage mit welchem Wissen getätigt hat. Kann sich diese Person überhaupt ein wahres Urteil erlauben?

Ein Verwaltungsbeamter, der über den Karrierepfad eines Selbständigen urteilt? Ein Mieter, der über Immobilienkauf fachsimpelt? Höchstwahrscheinlich ist die Bewertung haltlos.

ESSENZ: Werde dir bewusst darüber, wenn subjektive Werturteile ausgesprochen werden und ordne diese dann auch genau als solche ein. Viele Aussagen sind einfach nur eine persönliche Meinung, nicht mehr und nicht weniger. Im besten Fall sind sie völlig irrelevant und im schlimmsten Fall einfach falsch.

Welche Aussage, die du heute gehört hast, ist eigentlich nur eine Meinung? Ist dieses Kapitel nicht selbst voll von normativen Aussagen?

16
SCHUBLADENDENKEN

Ich versuche, neuen Menschen und Situationen vorurteilsfrei zu begegnen und begreife doch immer wieder: Das ist nicht möglich. Vielleicht mag es erleuchteten Menschen wie z. B. dem Dalai Lama gelingen, jedoch behaupte ich, dass auch er nicht immer schubladenfrei denkt. Was mich zu dieser These bringt und warum die Erkenntnis uns letztlich weiterbringt, möchte ich dir gerne erläutern.

Die Wahrheit ist: Jeder Mensch nutzt Schubladen. Unser Hirn ist so gebaut, dass es aus Erfahrungen lernt. Jede Erfahrung sorgt in unserem Hirn für ein kleines bisschen mehr Verständnis über unsere Umwelt. In der Psychologie nennt sich das „Attribution". Wir verbinden mit jedem Menschen bestimmte Verhaltenserwartungen, da wir ähnlichen Menschen diese Eigenschaften erfahrungsgemäß zuschreiben.

Stell dir folgende Menschen vor und überlege dir, welche Werte sie haben und wie sie sich verhalten:

- Sportlehrerin
- Schrebergarten-Platzwart
- Multimillionärin

Ich bin mir sicher, dass zumindest bei einer Person bestimmte Assoziationen bezüglich ihrer Eigenschaften hochkamen. Was wir mit welchem Begriff und mit jedem Menschen verbinden, ergibt sich aus unseren Erfahrungen. Der Vorteil solcher Generalisierungen ist, dass wir uns viel Energie und „Lernschmerz" ersparen, wenn wir nicht immer wieder alles von neuem verstehen lernen müssen. Immer wieder aufs Neue auf eine heiße Herdplatte zu fassen, um zu lernen, dass dies schmerzhaft ist, würde auf Dauer auch nicht unbedingt das Fortbestehen unserer Spezies fördern. In Schubladen zu denken ist sozusagen der eingebaute Energiesparmodus und sorgt für eine effizientere Interaktion mit unserer Umwelt. Da häufig verlangt wird, dass wir komplett vorurteilsfrei durchs Leben gehen, kannst du dich an dieser Stelle etwas entspannen. Es ist völlig normal, in Schubladen zu denken. Wie solche Schubladen grob aussehen, wird von verschiedenen Typologiemodellen beschrieben, welche manchmal mehr und manchmal weniger wissenschaftlich fundiert sind. Es gibt eine Vielzahl dieser Typenlehren, die ihren Anfang schon in der Antike bei Aristoteles nahmen. Die folgenden zwei Persönlichkeitstypologien sind weit verbreitet und somit interessant, wenn wir die Schubladen von uns und anderen verstehen möchten. Nachfolgend stelle ich sie kurz vor, um dir einen Eindruck zu vermitteln:

1. DISG- Modell

Eines der bekanntesten Typologiemodelle wurde 1928 vom Psychologen William Moulton Marston entwickelt. In den 1970er-Jahren wurde hieraus ein Persönlichkeitstest entwickelt, der weltweit auch in der Personalentwicklung genutzt wird. In seinem DISG-Modell werden vier Grundtypen definiert: D = Dominant, I = Initiativ, S = Stetig, G = Gewissenhaft. Nachfolgende Grafik gibt einen Überblick über die Verhaltenstendenzen von jedem dieser Grundtypen[17]:

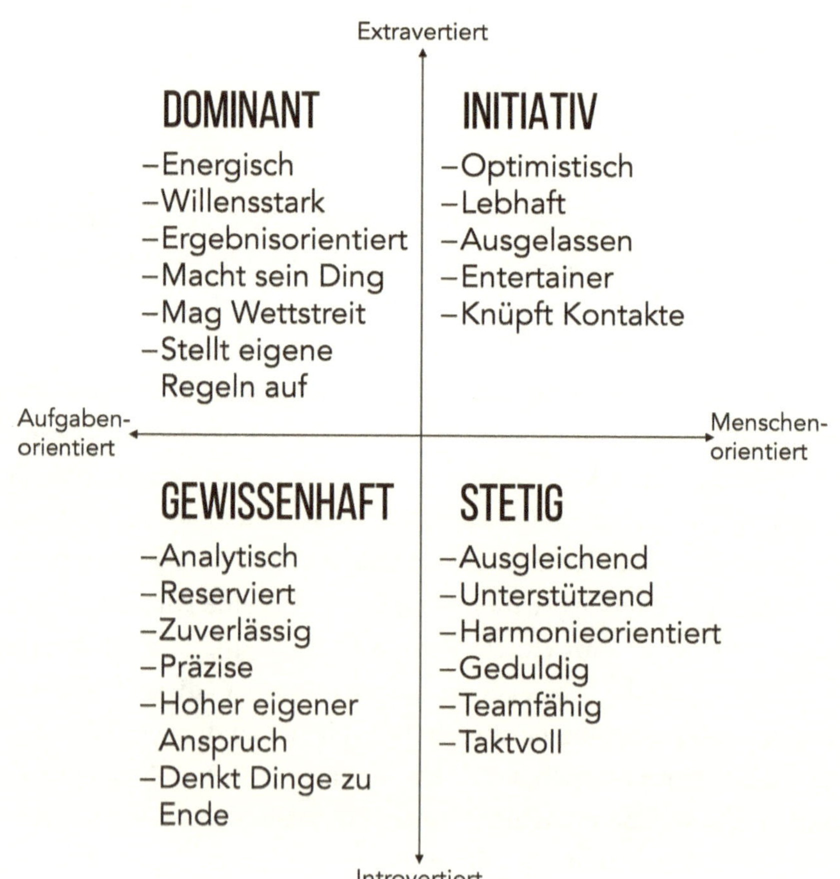

Niemand ist zu 100 % nur einem Grundtyp zuzuordnen. Das Modell geht davon aus, dass jeder von uns ein Mischtyp aus allen Vieren ist. Jeder hat also Merkmale von jedem Grundtypen unterschiedlich stark ausgeprägt. Hieraus ergeben sich verschiedene Mischtypen mit vielfältigen Bedürfnissen, Schwächen und Stärken.

2. Metaprogramme

Im neurolinguistischen Programmieren gibt es das Typologiemodell der Metaprogramme. Metaprogramme sind Denkmuster, die unser Verhalten bestimmen und beschreiben, wie Personen Informationen wahrnehmen, sortieren und werten. Es gibt viele dieser Metaprogramme und jeder von uns bevorzugt bestimmte Denkmuster in bestimmten Situationen. Ein Beispiel hierfür ist das Metaprogramm des Vergleichsrahmens. Menschen suchen hierin eher nach Ähnlichkeit (auch Gleichbeispielsortierer genannt) oder eher nach Unterschieden (auch Gegenbeispielsortierer genannt). Gleichbeispielsortierer fragen sich, warum die These des Gesprächspartners stimmen kann und sagen häufig "Stimmt!", "Das kenne ich." oder "Das habe ich auch schon erlebt!". Gegenbeispielsortierer starten ihre Sätze mit "Ja, ABER … " und haben auf jede These und jedes Beispiel ein Gegenbeispiel und einen Grund, warum das Gesagte nicht stimmt. Das Typologiemodell der Metaprogramme besagt nicht, dass jemand immer Gleich- oder Gegenbeispielsortier ist, sondern dass wir in bestimmten Kontexten eher zu einer Seite tendieren - mal mehr, mal weniger.

Jedes der unzähligen Metaprogramme beleuchtet jeweils eine andere Persönlichkeitsfacette. Nachfolgend sind die wichtigsten Metaprogramme und ihre Ausprägungen zusammengestellt:

METAPROGRAMM-KRITERIUM	AUSPRÄGUNG	
Vergleichsrahmen	Unterschied (Gegenbeispiele)	Ähnlichkeit (Gleichbeispiele)
Motivation	Hin zu (verfolgt ein Ziel)	Von weg (will etwas vermeiden)
Detailgrad	Details (an Einzelheiten interessiert, spezifisch)	Global (am Allgemeinen, Großen interessiert)
Beziehungsrahmen	Personenbezogen	Objektbezogen (sachorientiert)
Analyserichtung	Warum (problemorientiert)	Wie (lösungsorientiert)
Verantwortungs-verortung	Selbst	Andere
Aktivität	Proaktiv (handlungsorientiert)	Reaktiv (aufforderungsorientiert)
Arbeitsstil	Single (arbeitet lieber alleine)	Team
Vorgehensweise	Optional (Denkt in Wahlmöglichkeiten)	Prozedural (Folgt und denkt in Prozessen)
...		

Bestimmt hast du dich in den obigen Schubladen selber versucht einzusortieren. Genauso tun wir es mit unserem Umfeld – permanent und mit unseren eigenen Schubladen[18]. Du hast nicht wirklich die Wahl, ob du jemanden in eine Schublade stecken möchtest oder nicht. Du kannst aber wählen, dir bewusst zu werden, wann deine Attributionen stattfinden und wie deine Typologien aussehen. Dir ist wahrscheinlich auch klar geworden, dass in allen obigen Typenmodellen kein Mensch wirklich in eine einzige klar abgrenzbare Typenkategorie passt. Wir alle sind vielmehr eine einzigartige Mischung vieler Typenmerkmale. Genau hierhin liegt auch die berechtigte Kritik an den Modellen. Sie erwecken den Eindruck, komplexe Persönlichkeiten schnell einer einzigen Kategorie zusortieren zu können, dabei sind es immer nur Tendenzen. Man kann sagen, dass Typenlehren zur Komplexitätsreduktion genutzt werden und weniger psychometrische Wissenschaftsansprüche erfüllen wollen. Dies ändert jedoch nichts an der Tatsache, dass sehr viele Menschen diese Modelle kennen und nutzen, um uns darin einzusortieren - bewusst oder unbewusst.

Die Kunst ist es, sich seinem Schubladendenken bewusst zu werden und so den gedanklichen Autopiloten auszuschalten. Wir können unser Umfeld also ohne schlechtes Gewissen in Schubladen sortieren, solange wir uns dessen bewusst sind und die Schubladen offen lassen.

Das mag sich jetzt nach einer harten Aussage und einer Welt voller Vorurteile anhören. Je eher man dies versteht, desto eher kann man die Erkenntnis konstruktiv nutzen – und zwar in zweierlei Hinsicht:

1. Für die Schärfung der eigenen Wahrnehmung bezüglich anderer
    Wie oben beschrieben, ist ein großer Schritt in Richtung Klarheit, dass wir uns darüber bewusst werden, wann wir wen in welche Schublade einsortieren. Auf diese Weise können wir die Schubladen offen halten und zusätzliche Facetten wahrnehmen.
2. In Bezug auf die Wirkung von uns auf andere
    Da du (nun) verschiedene bekannte Typologiemodelle kennst, ist es einfacher zu erkennen, in welche Schublade du wahrscheinlich von anderen gesteckt wirst. Vielleicht zeigst du in bestimmten Situationen immer nur eine Seite von dir. Welches Bild andere von dir haben, lässt sich besser verstehen, wenn du die Schablonen kennst, in denen sie denken.

Essenz: Schubladendenken und Vorurteile sind im ersten Moment völlig normal. Verstehen wir dies, können wir für die erste Interaktion mit jemandem unrealistische Unbefangenheitsansprüche an uns und unser Umfeld loslassen. Wir können unsere Mitmenschen also seelenruhig in Schubladen sortieren. Hierbei ist wichtig, die Schubladen von uns und unserem Umfeld zu kennen. Wir können dadurch bewusst damit umgehen und die Schubladen offen lassen.

In welche Schubladen wirst du wohl von deinem Umfeld gesteckt und wie hast du das geschafft?

17

SCHLÄGE EINSTECKEN I

Kennst du das? Du hast Ratschläge bekommen und fühlst dich wie nach einer Schlägerei? Dann waren es in der Regel keine guten. Von wem wir welchen Rat annehmen, dürfen wir bewusst entscheiden.

Als Kinder und Heranwachsende wurde uns beigebracht, dass wir auf Erwachsene zu hören haben - das ist nur nachvollziehbar, sind es doch die Älteren, die das Überleben unserer Jüngsten in Familien sichern. Was unsere Vorfahren leider häufig versäumen, ist, uns damit Hand in Hand einzubläuen, eben diese Überlebenssicherer zu hinterfragen - insbesondere mit fortschreitendem eigenen Alter und Erfahrungsschatz. Es wird uns meist nicht explizit beigebracht, abzuwägen, ob und von wem wir überhaupt Rat einholen sollten. In diesem Kapitel soll es genau darum gehen.

Dazu treten wir zunächst einmal einen Schritt zurück. Benötigen wir Rat, darf es ein für uns fundamentaler Reflex werden, nicht etwa **eine**, sondern vielmehr die **richtige** Person dazu zu befragen - und zu erlernen, diese beiden voneinander zu unterscheiden. Die richtige Person ist Expertin in dem Thema, zu dem ich Rat suche, weshalb ich tatsächlich relevantes neues Wissen von ihr erwarten darf. Nachfolgend vier Impulse für mehr Klarheit im Umgang mit Experten und (Rat-)Schlägen:

1. Verstehe, was hinter Berufsbezeichnungen und Titeln steht

Im Idealfall fällt uns direkt ein Experte ein, wenn wir guten Rat benötigen. Das können je nach Kontext auch Bekannte oder Freunde sein. Haben wir jedoch keinen Experten im näheren Umfeld, müssen wir auf die Suche gehen. Hierbei orientieren wir uns an Berufsbezeichnungen und Titeln. Diese sind sehr hilfreich, weil es unser Miteinander vereinfacht - sonst müsste ich ja jeden jahrelang kennenlernen, bevor ich Kompetenzen vermuten könnte. Wir schreiben Kompetenz also aufgrund bestimmter Titel - wie z. B. Dachdeckermeister oder Doktor der Medizin - zu. Das ist grundsätzlich auch genau richtig, da hinter diesen Berufsbezeichnungen bestimmte Ausbildungen stecken. Häufig wissen wir jedoch gar nicht genau, was denn Teil der entsprechenden Ausbildung ist - genau das ist jedoch hochgradig relevant, wenn guter Rat teuer ist.

Ganz konkret bedeutet das, dass wir uns damit befassen dürfen, was Teil einer bestimmten Ausbildung oder eines Studiums ist und was nicht. Im Internet finden sich Lehr- und Studieninhalte fast aller Berufe. Was genau hat jemand vermittelt bekommen, der z. B. gelernter Industriemechaniker ist?

Man könnte zum Beispiel vermuten, dass uns unser Hausarzt mit gutem Rat zur Seite stehen kann, wenn wir unsere Ernährung für den Sport optimieren wollen. Allgemeinmediziner zu Sporternährung zu befragen, ist wie Küchenverkäufer nach den besten Kuchenrezepten zu fragen: Die Chance auf gute und fundierte Empfehlungen ist gering. Das ist überhaupt kein Versäumnis dieser Personen, es ist schlicht nicht Teil ihres Berufsbildes. Nur Klarheit in Bezug auf die hinter den Titeln liegenden Inhalte hilft uns hier weiter.

Auf einem IT-Projekt sagte mein Kollege eines Nachmittags „Oha! Unser Kollege ist sogar promovierter IT-ler, den können wir doch fragen, wie wir unser Software-Problem lösen sollen". Bei genauerem Hinschauen wurde klar, dass der Doktor-Titel aus den 80er-Jahren war, und zwar über eine Programmiersprache und Softwarearchitektur, die quasi ausgestorben ist.

Bei nicht geschützten Berufsbezeichnungen wie z. B. CEO, Coach oder Head of Operations wird es noch schwieriger. Hier können wir die Personen direkt fragen, was sich genau hinter ihrem Titel verbirgt. Außerdem können wir Referenzen einholen, um uns ein Bild darüber zu machen, ob wir von dieser Person Rat hören möchten.

Um Berufsbezeichnungen besser einordnen zu können, dürfen wir uns in das Thema, zu dem wir Rat brauchen, in jedem Fall selbst einarbeiten. Stell dir ein für dich neues Themengebiet vor wie einen sehr dunklen Raum. Du kannst nicht sehen, wie groß er ist oder was drinnen steht - genau deshalb suchst du nach Rat. Um eine Idee von einem Thema zu bekommen, lohnt es sich in diesen dunklen

Raum zumindest einmal mit einer Taschenlampe hineinzuleuchten. Das heißt konkret, sich über das Thema selber zumindest oberflächlich zu informieren. Ziel ist es, die Ecken so auszuleuchten, dass wir einen groben Überblick haben und nicht blind beispielsweise Titeln folgen, hinter denen wir bestimmte Fähigkeiten doch nur vermuten können.

Und Achtung: Eigene, gemachte Erfahrungen können uns hier übrigens täuschen. Hat uns ein promovierter Arzt schon einmal sehr guten Rat gegeben, heißt das nicht, dass alle, die den Titel "Dr. med." tragen, guten Rat geben. Frage dich, woran es gelegen hat und ob die konkrete Person repräsentativ für ihre Berufsgruppe ist. Im konkreten Beispiel: Ist mein Hausarzt gut, weil er Medizin studiert hat, oder weil er eine Kombination aus Schulmedizin und anderen Ansätzen einsetzt?

Was genau hinter einem Titel steht, ist wesentlich für die Frage, ob jemand überhaupt als Expertin für uns in Frage kommt.

2. Erkenne Kompetenzsignale echter Experten

Da du den besten Rat für dein Leben möchtest, solltest du die besten Experten befragen. Aber wie findest du sie? Neben ihren Titeln kannst du sie oft an einem scharf definierten Kompetenzkreis und an der konsequenten Anwendung der eigenen Kompetenz erkennen.

Im Gespräch mit einem echten Experten darf der Satz "Hiervon habe ich keine Ahnung" oft fallen. Das liegt daran, dass ein echter Fachmann die Grenzen seiner Expertise sehr gut kennt. Er weiß, wie sattelfest man in einem Thema sein darf, bevor man Rat dazu verteilt. Ein Meister kann zu seiner Disziplin sehr viel sagen und weiß daher, wie wenig er zu anderen Themen sagen kann. Nichtsdestotrotz kennt ein Experte die anderen Experten an den Schnittstellen zu seinem Spezialgebiet. Bildlich gesagt: Die Grenzen seiner Expertise sind also klar abgesteckt, er weiß aber ganz genau, welche Nachbarn an welcher Grenze leben.

Wahre Experten haben einen scharf definierten Kompetenzkreis.

Das zweite Erkennungszeichen guter Experten ist die konsequente Umsetzung der Erkenntnisse aus dem eigenen Spezialgebiet. Im Englischen fragt man sich: "Are they walking the walk or just talking the talk?" - Tun sie das, wovon sie reden? Ein übergewichtiger Sportmediziner? Ein Vermögensberater ohne eigenes Vermögen? Überprüfe, ob die Experten ihr Expertenwissen tatsächlich auch ausleben. Der Unterschied zwischen Theorie und Praxis ist nämlich in der Praxis viel größer als in der Theorie. Wenn du dir bei einem Experten denkst "Ich höre deine Worte nicht, denn deine Taten sprechen so laut", kannst du den Rat getrost ignorieren.

3. Identifiziere den Kontext von Experten

Innerhalb eines Spezialgebiets gibt es verschiedene Kontexte, in denen das Fachwissen Anwendung finden kann. Softwarelösungen in einem Start-up zu bauen ist etwas anderes als in einer Sicherheitsbehörde. Beides gehört zu demselben Spezialgebiet, könnte aber in der Ausgestaltung nicht unterschiedlicher sein, da der Kontext ein anderer ist. Willst du ein Restaurant in der Frankfurter Innenstadt aufmachen, bringt es nicht viel, einen Gastronomen aus Wanne-Eickel nach Rat zu fragen. Auch er hat Expertise im Gaststättengewerbe, jedoch ist diese nicht relevant genug für deinen konkreten Fall. Frage dich, in welchem Kontext der Experte sein Fachwissen erlangt hat. Passt der konkrete Kontext auf die Situation, zu der du Rat suchst?

4. Befrage Experten nur in ihrem Spezialgebiet

Haben wir die Experten gefunden, von denen wir uns Rat holen wollen, ist es wichtig, sie nur für ihr eigentliches Spezialgebiet zu befragen. Und falls du jetzt denkst: "Wow, was für eine bahnbrechende Erkenntnis …", Keine Sorge: Es kommen noch ein paar Gedanken dazu.

Im Alltag sieht es tatsächlich so aus, dass wir Menschen mit einer bestimmten Expertise auch zu Themen außerhalb ihres Kompetenzbereichs anhören.

Hierhinter liegt der sogenannte Halo-Effekt. Wie ein Heiligenschein (englisch: Halo) strahlt dabei eine Eigenschaft einer Person auf unsere Wahrnehmung von anderen Eigenschaften der Person ab. Edward Thorndike nannte das Phänomen Halo-Effekt, nachdem er beobachtete, dass Offiziere ihre Untergebenen in Bezug auf Kategorien wie Intelligenz, Führungsverhalten und Physis oft gleich positiv oder negativ bewerteten. Thorndike stellte fest, dass diese Eigenschaften im Grunde wenig miteinander zu tun haben. Kurz gesagt: Unser gemütlicher Geist neigt dazu, eine Eigenschaft einer Person in unserer Wahrnehmung auf alle anderen Eigenschaften zu übertragen. Wir schließen von prägnanten bekannten Eigenschaften auf die Unbekannten. Ist jemand in einer Sportart besonders gut, schreiben wir ihr die Fähigkeit zu, andere Sportarten auch gut zu beherrschen. Nur weil jemand besonders attraktiv ist, bedeutet das nicht, dass er besonders intelligent ist - unser Unterbewusstsein geht aber nachgewiesenermaßen zunächst einmal davon aus. Ist eine Person auf dem einem Gebiet Experte, besonders attraktiv und uns sympathisch, vertrauen wir ihr gleich viel mehr und fragen sie wahrscheinlich auch außerhalb ihres Kompetenzbereichs nach Rat. In Polit-Talkshows können wir das plakativ sehen: Zum Thema Landwirtschaft geben dann neben Landwirten auch Popsänger und Comedians ihre Ratschläge ab - völlig außerhalb ihres Spezialgebiets.

Häufig vermischt sich der Halo-Effekt mit Autoritätsgläubigkeit - das ist besonders spannend, denn beides greift schneller, als uns lieb ist. Eine positive physische Erscheinung in Kombination mit offensichtlichen Kompetenz- und Autoritätssignalen (wie z. B. einem weißen Kittel oder einem dunklen Anzug), verführen uns, die Person als insgesamt kompetenter wahrzunehmen. Ein Doktortitel einer gut aussehenden Person lässt uns dann auf umfassend gute Bildung, tiefes wissenschaftliches Verständnis und Glaubwürdigkeit schließen. Das eine hat jedoch nicht zwingend etwas mit dem anderen zu tun. Fähigkeiten sind spezifisch für eine bestimmte Domäne - also auf ein konkretes Gebiet bezogen, in dem jemand Bescheid weiß. Sie sind entgegen unserer Wahrnehmung nicht übertragbar. Wir dürfen uns den Halo-Effekt und unsere Autoritätsgläubigkeit immer wieder bewusst machen, um Experten ausschließlich für ihren Spezialbereich zurate zu ziehen.

Berufserfahrung ist übrigens nicht unbedingt ein Zeichen für Expertise. 30 Jahre Berufserfahrung in schlecht aufgesetzten Projekten ohne Handlungsbefugnisse machen keinen guten Projektmanager. Oder anders gesagt: Jemand, der 3 Jahre lang intensiv Projekte geleitet hat, ist als Projektmanager besser geeignet als jemand, der 20 Jahre mit freizeitorientierter Schonhaltung in Projekten mitgewirkt hat. Hierhinter steht der Gedanke, dass es Jahrzehnte gibt, in denen nichts passiert; und Wochen, in denen Jahrzehnte passieren. Um es auf den Punkt zu bringen: Nur weil jemand viel Zeit seines Lebens in einer Branche oder einer Firma verbracht hat, heißt das nicht, dass diese Person mehr zum Unternehmenserfolg beiträgt oder gar ein anhörenswerter Experte ist. Wir verwechseln Erfahrung mit Expertise - das eine hat jedoch nicht zwingend etwas mit dem anderen zu tun. Die folgende Frage schafft Klarheit, wenn wir "alte Hasen" vor uns haben: In was genau hat sie Erfahrungen gesammelt? Im Absitzen von Zeit? Im Wegducken vor Verantwortung? Im Führen von Rechtsstreitigkeiten mit Vorgesetzten? Oder im produktiven Ausüben einer konkreten Tätigkeit, dem Schaffen von Lösungsräumen oder dem Entwickeln innovativer Produkte? Es kommt auf die qualitative Berufserfahrung an, nicht auf die quantitative.

Sind dir die oben genannten Impulse zu viel, kann dich folgender Gedanke beim Rat einholen leiten: Fragst du Experten nach Rat und willst wirklich weiter kommen, ist es zielbringend zu überlegen, ob die Person auf dem entsprechenden Gebiet mindestens zehnmal erfolgreicher ist als du. Dann und nur dann solltest du ihren Rat in Erwägung ziehen.

Es ist besser, niemanden um Rat zu fragen, als die falsche Person.

Essenz: Wähle bewusst, welchen Rat du von wem annimmst. Hierfür dürfen wir verstehen, was hinter Berufsbezeichnungen und Titeln steht, wie wir Kompetenzsignale echter Experten erkennen und in welchem Bereich die Expertise genau liegt. Wir dürfen uns den Halo-Effekt und unsere Autoritätsgläubigkeit bewusst machen, um Experten nur für ihr eigentliches Spezialgebiet zu befragen. Ratschläge sollten von Experten kommen, die mindestens zehn Mal erfolgreicher in dem entsprechenden Themenbereich sind als du. Denn es ist besser, niemanden um Rat zu fragen, als die falsche Person.

Wann hast du das letzte Mal Rat außerhalb deiner eigenen Expertise weitergegeben? Und zu welchen Themen könntest du aufgrund deines Wissens und deiner Erfahrungen guten Gewissens Rat weitergeben?

18

SCHLÄGE EINSTECKEN II

Es gibt Entscheidungen, die nicht mit reinem Expertenwissen beantwortet werden können. Stehen wir vor einer Weggabelung im Leben und wissen nicht, wo lang, fragen wir um Rat. Hiernach fühlen wir uns häufig wie verprügelt. Schlechte Ratschläge fühlen sich nicht selten nach einem Leberhaken an, und das ist auch nicht verwunderlich, steckt hier bereits im Namen der RATSCHLAG. Um das zu verhindern - also um uns auf die richtigen (Rat-) Schlägereien einzulassen - stellen sich zwei wichtige Fragen über unsere Gesprächspartner:

1. Kennt die Person deinen Kontext überhaupt gut genug, um dich im konkreten Fall beraten zu können?

   Die einfachen, vorhersehbaren Fragestellungen klären wir mit uns selbst. Rat holen wir uns dann, wenn wir alleine nicht weiterkommen. Das heißt, die Situationen, in denen wir Rat brauchen, sind meist nicht offensichtlich oder klar. Das liegt unter anderem daran, dass Entscheidungen nicht auf der grünen Wiese getroffen werden, sondern in konkrete Umstände und Zusammenhänge gebettet sind. Am konkreten Beispiel wird es deutlich: „Soll ich meine Beziehung beenden oder nicht?" kann in den meisten Fällen nicht mit einem einfachen Ja oder Nein beantwortet werden. Das Thema ist zu vielschichtig. Ich kann nicht nur die konkrete Partnerschaft isoliert betrachten, sondern muss viele Einflussfaktoren, wie z. B. die individuellen Lebenserfahrungen mit einbeziehen. Selbes gilt für den geschäftlichen Kontext: Neues Produkt entwickeln? Geschäftsbereich abstoßen? Neue Prozesse einführen? Alles extrem kontextabhängig.

   Selbst wenn wir also eine echte Koryphäe vor uns haben, darf diese unseren aktuellen Entscheidungskontext sehr tief verstehen, um überhaupt befähigt zu sein, uns guten Rat zu geben.

2. Stimmen eure Anreizsysteme überein?

   Anreize können alle materiellen oder immateriellen Faktoren sein, die für jemanden subjektiven Wert besitzen und somit ihr Handeln motivieren. Sobald jemand z. B. davon profitiert, mir einen bestimmten Ratschlag zu geben, ist er kein Berater mehr, sondern ein Verkäufer. Von ihm wirst du keinen Rat erhalten, sondern ein Produkt verkauft bekommen. Verdient meine Finanz"beraterin" mit einem bestimmten Produkt Geld, so berät sie uns nicht mehr nur, sondern hat auch Eigenantrieb, uns dieses zu verkaufen, obwohl es möglicherweise nicht dem entspricht, was wir eigentlich bei ihr suchten.

Gehen wir noch einen Schritt weiter: Liegt ein Interessenkonflikt vor, kann die Expertin noch so gut sein, ihr Rat wird nicht in deinem Sinne sein. Um hier ein plakatives Beispiel zu konstruieren: Die Psychologin, die ihre Familie damit ernährt, viele Sitzungen abzurechnen, wird dich nicht so beraten, dass du deine Themen in einer Sitzung löst - was wiederum genau dein Ziel sein könnte. In solch einem Fall ist es offensichtlich. Nicht so leicht erkennbare Interessenskonflikte gibt es mindestens genauso viele. Die sympathische Abteilungsleiterin, die einem Mitarbeiter Karriereratschläge gibt, hat ggf. selber Interesse daran, dass er keine großen Sprünge macht. Sollte ihr Mitarbeiter befördert werden, müsste sie ihm das Gehalt erhöhen. Dieses wird von der Kostenstelle bezahlt, auf der sie die Kosten reduzieren soll. Zack, da ist er: der Interessenkonflikt, der in dem Gespräch, in dem wir Rat erhalten haben, nicht mit aufgeführt wurde.

Die Liste mit Beispielen von Experten, die uns Rat geben können, aber nicht unser Bestes im Sinn haben, ist unendlich lang.

Es ist also wichtig zu verstehen, welche Agenda der Experte hat und ob er überhaupt einen Antrieb hat, in deinem Sinne zu entscheiden. Kurz: Hat die Person dein Bestes im Sinn?

Aus den zwei großen Fragen ergibt sich folgende Matrix, in die wir die Ratschläger in unserem Leben einsortieren können:

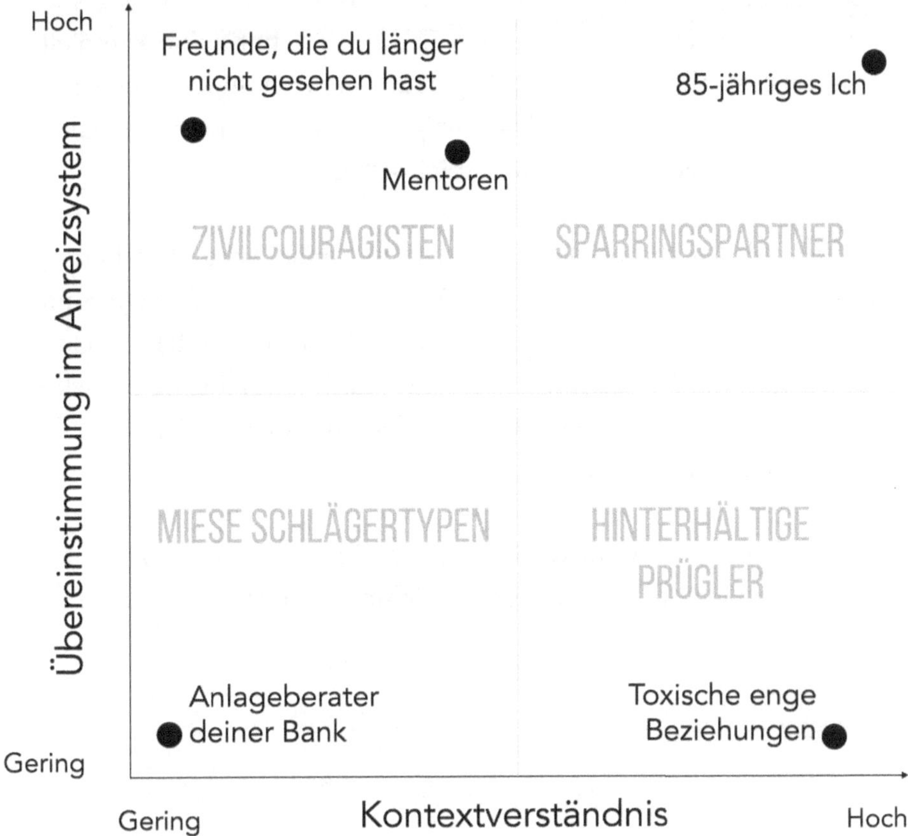

Es stellen sich also die Fragen, wer deinen Kontext möglichst gut kennt und gleichzeitig immer dein Bestes im Sinn hat. Die Liste dieser Personen ist sehr, sehr kurz. In den allermeisten Fällen kann sie nur genau eine Person enthalten: uns selbst.

Da ich persönlich zum jetzigen Zeitpunkt aber weit entfernt von Weisheit bin, frage ich lieber eine reifere Version von mir um Rat. Das ist auch deshalb zielführend, weil wir Menschen erstaunlich schlecht darin sind, die eigene Situation angemessen zu bewerten und uns selbst zu beraten. Dieses Phänomen ist als Salomon-Paradoxon bekannt. Es macht folglich Sinn, nicht unser jetziges Selbst um Rat zu fragen, sondern unser zukünftiges Ich.

So seltsam es vielleicht klingt, so logisch ist es. Dein 85-jähriges Ich hat maximalen Kontext von deinem Leben. Es kennt deine komplette Vergangenheit, alle Themen, die du gerade jonglierst und hat auch noch die Weitsicht deiner Zukunft. Die einzige Person, die alle Einflussfaktoren in meinem Leben kennt, bin nur ich selbst.

Selbes gilt für die zweite Frage. Die unromantische Wahrheit ist, dass die einzige Person auf dieser Welt, die immer in deinem Sinne entscheidet, ebenfalls du selbst bist. Kein anderer Mensch hat ein exakt deckungsgleiches Anreizsystem. Da die zukünftige Version deiner selbst gleichzeitig auch ein Zielbild von dir selbst über dich ist, kann sie nur dein Bestes im Sinn haben.

Den besten Rat, wenn es um wichtige Entscheidungen im Leben geht, erhalten wir also von unserem gleichmütigen, 85-jährigen Ich.

ESSENZ: Für wichtige Lebensentscheidungen reicht reines Expertenwissen nicht aus. Für gute Ratschläge braucht es genug Wissen über
den konkreten Lebenskontext auf der einen und das Übereinstimmen
der Anreizsysteme auf der anderen Seite. Die einzige Person, die dein
Bestes im Sinn hat und deinen kompletten Lebenskontext kennt, bist du
selbst. Da wir nicht gut darin sind, uns zur eigenen aktuellen Lebens-
situation gut zu beraten, liegt die Lösung in der Zukunft. Den besten
Rat zu Lebensentscheidungen bekommen wir von unserem 85-jähri-
gen, weisen Ich.

Welche große Entscheidung treibt dich momentan um und was
würde dein 85-jähriges Ich dazu sagen?

19

DAS SIEHT JA EINFACH AUS

Einfachheit ist das Resultat der Reife - Friedrich Schiller

Nach einem meiner 5-tägigen Seminare für IT-Projektmanagement kam ein Teilnehmer auf mich zu und gab mir folgendes Feedback: „Du hast das ja richtig spielerisch gemacht. Ist ja im Grunde auch ganz einfach, was du hier tust!"

Ich war baff und mein erster Impuls war Verärgerung. Wie konnte er so etwas sagen? Ein Training auf dem Niveau zu halten, bedeutet intensive Vorbereitung, tiefes Fachwissen und tausende Stunden Praxis- und Trainingserfahrung. Kurz: Ich war in meiner Ehre gekränkt. Ein paar Tage später habe ich die Situation mit etwas Abstand anders verstehen können. Genauer betrachtet, glich sein Feedback eher einem Ritterschlag. Echtes Können sieht nämlich oft kinderleicht aus.

Leichte Dinge einfach wirken zu lassen ist natürlich kein Problem. Ich möchte hier die komplizierten und komplexen Sachverhalte beleuchten, in denen jemand scheinbar mühelos agiert. Etwas meisterlich zu beherrschen erfordert detaillierte Einarbeitung und disziplinierte Vorbereitung.

Sehen wir Akrobaten im Zirkus, die im Handstand auf einem Hochseil balancieren, wirkt ihre Darbietung leicht und mühelos auf uns. Kommt man dann nach Hause und versucht auch nur im Handstand zu stehen, wird einem klar, was es eigentlich bedeutet, diese Leistung abzurufen.

Dasselbe gilt für Weltklasse-Musiker, die ganze Konzerte auswendig und scheinbar spielerisch vortragen. Aus eigener Erfahrung kann ich sagen, wie ernüchternd und augenöffnend es ist, dann dasselbe Programm nachspielen zu wollen.[19]

Zu dieser Erkenntnis gibt es eine treffende Geschichte von Pablo Picasso:

Als der berühmte Künstler in einem Pariser Café sitzt, nähert sich ein Kunstkenner und Bewunderer seiner Arbeit. Nach schüchterner

Annäherung, fragt er Picasso, ob dieser ihm eine kleine Skizze auf eine der auf dem Tisch liegenden Servietten zeichnen könnte. Picasso ist einverstanden und zeichnet eine seiner abstrakten Figuren. Als er die Servietten-Skizze mitsamt Unterschrift übergibt, nennt er eine hohe Geldsumme als Honorar. Sein Gegenüber ist verwundert: „Wie können Sie so viel Geld dafür verlangen? Das ist für Sie doch ein Leichtes gewesen. Sie haben doch nur eine Minute gebraucht!“. Picasso soll geantwortet haben: „Nein, hierfür habe ich 40 Jahre gebraucht!“.

Die Moral dieser Geschichte soll nicht sein, dass wir alle alt sein müssen und unsere Arbeit erst nach 40 Jahren Erfahrung etwas wert ist. Vielmehr zeigt sich, wie einfach etwas von außen wirken kann, was im Kern mit disziplinierter Hingebung verbunden ist. Um es klarer zu formulieren: Nur dadurch, dass Picasso abertausende von Skizzen in seiner Karriere angefertigt hatte, konnte er diese eine mit scheinbarer Leichtigkeit zeichnen.

Sind wir als Privatkunde unterwegs, wünschen wir uns in der Regel Dienstleister, die ihre Tätigkeit genauso souverän ausüben. Habe ich einen Motorschaden am Auto, ziehe ich die KFZ-Werkstatt vor, in der mir vermittelt wird, dass meiner ein müheloser Fall für das Team ist, da sie ihn bereits unzählige Male genau so erlebt und gelöst haben. Zu einer Herzchirurgin gehe ich dann gerne, wenn es wirkt, als wäre sie für das Operieren von Herzen geboren. Aus Kundensicht beruhigt uns eine gewisse Leichtigkeit auf Dienstleisterseite. Denn unterbewusst erkennen wir folgendes: Hinter Leichtigkeit steckt Erfahrung, Vorbereitung und Disziplin. Denn nur wirklich gut in etwas zu sein, verleiht uns die Möglichkeit, Leichtigkeit und Mühelosigkeit zu transportieren.

Wollen wir kompetent auf andere wirken, ist es genau diese Leichtigkeit, die uns in die Karten spielt. Unterbewusst nehmen wir Menschen als kompetenter wahr, denen die Dinge scheinbar mühelos von der Hand gehen; denen Talent für eine bestimmte Sache in die Wiege gelegt wurde. Der Zusammenhang ist folgender: Je geringer der wahrgenommene Aufwand bei immer komplizierter werdenden Aufgaben, desto höher die Kompetenzzuschreibung.[20] Es darf also sehr leicht aussehen, um sehr kompetent wahrgenommen zu werden.

Eine wichtige Unterscheidung noch: Es geht nicht darum, tatenlos zu wirken, sondern mühelos. Wir dürfen aktiv und tatkräftig unterwegs sein und energiegeladen unsere Ziele umsetzen - und all dies mit Leichtigkeit. Um es paradox auf den Punkt zu bringen: Es geht um mühelose Anstrengung.

Sicherlich ist jeder von uns mit einer gewissen Geworfenheit, mit bestimmten Talenten ausgestattet, diese gilt es dann auszubauen und zu entwickeln, bis wir an einem Expertenstatus angekommen sind, der anderen das Gefühl von "das ist ja einfach" vermittelt.

Das nächste Mal, wenn du dir denkst „Das sieht ja einfach aus - das kann ich auch!", hast du im Zweifel einen echten Experten vor dir.

ESSENZ: Es ist ein Level an Fähigkeiten und Expertise erstrebenswert, bei dem unsere Handlungen mühelos auf andere wirken. Echtes Können sieht nämlich von außen oft einfach aus. Wir schauen gerne Menschen zu, denen die Dinge leicht von der Hand gehen. Das Leben darf sich leicht anfühlen.

Bei welcher Höchstleistung hast du das letzte Mal zugeschaut und dir gedacht, wie einfach und mühelos es aussieht?

20

NIEMAND INTERESSIERT SICH WIRKLICH FÜR DICH

Während es für uns als Kleinkinder völlig normal war, zu denken, dass sich die Welt nur um uns dreht, haben die meisten von uns im Laufe der Jahre gemerkt, dass das nicht immer so ist – der eine früher, der andere später.

Trotzdem überschätzt man grundsätzlich extrem, wie interessant der eigene Lebenswandel für andere Menschen ist; vor allem bei kleineren Entscheidungen. Dies liegt daran, dass wir selbst das Zentrum unserer eigenen Welt sind – die Hauptrolle in unserem eigenen Film. Die Überschätzung der Aufmerksamkeit des sozialen Umfelds in Bezug auf die eigene Person ist in gewisser Weise sinngebend für uns: Sie erfüllt den Wunsch nach Wichtigkeit und Relevanz in unserem Leben. Auf der anderen Seite kreieren wir dadurch aber auch einen gewissen Druck, der uns oftmals hemmt, Entscheidungen wirklich frei zu treffen.

Zu erkennen, dass die Aufmerksamkeit für die eigene Person häufig nur eine Illusion ist, mag im Kern zunächst negative Gefühle auslösen, da niemand gerne hört, dass sich im Grunde niemand wirklich für einen interessiert. Bevor wir dazu kommen, warum dies eine sehr positive Erkenntnis sein kann, lass uns ins Detail gehen:

- In welchem Sinne interessiert es NIEMANDEN?

Es leben etwa über acht Milliarden Menschen auf diesem Planeten (Stand 2024). Von diesen circa 8.200.000.000 Personen kennt dich nur eine verschwindend geringe Gruppe. Selbst Superstars, die einen höheren Bekanntheitsgrad haben als du, sind nur für einen Bruchteil der Erdbevölkerung bekannt. Um hier ein plakatives und vereinfachtes Beispiel zu wählen, schauen wir die Person mit den meisten Followern auf einem der relevantesten sozialen Netzwerke an: Cristiano Ronaldo mit knapp über 600 Millionen Menschen, die seinem Profil auf Instagram folgen (Stand 2024). Das sind gerade einmal 7 % der Gesamtheit – und das ist schon der Mensch mit der größten Interessensgemeinde. Oder mit anderen Worten: 93 % der Menschheit interessiert sich nicht dafür oder weiß im Zweifel noch nicht einmal, dass es ihn gibt. Für dich und mich sehen die Zahlen wahrscheinlich noch mal ganz anders aus.

„Niemand" also im Sinne von: wenn überhaupt, dann ein verschwindend geringer Anteil der Weltbevölkerung. Die Perspektive zur Gesamtheit ist wichtig.

- In welchem Sinne interessiert sich niemand WIRKLICH für dich?

„Wirklich" im Sinne von: Dein soziales Umfeld bemerkt schlicht und ergreifend nur einen Bruchteil von den Veränderungen, die in deinem Leben für dich relevant sind. Da jeder die Hauptrolle in seinem eigenen Film spielt, sind deine Mitmenschen höchstwahrscheinlich zu sehr mit sich selbst befasst und haben somit schlicht und ergreifend nicht genug Aufmerksamkeit für dich übrig.

Wie wenig wir wirklich an anderen und dafür andere auch an uns interessiert sind, lässt sich im engsten Familienkreis erkennen. Kannst du die Vor- und Nachnamen deiner acht Urgroßeltern nennen? Wenn es dir so geht, wie mir, dann kannst du es nicht, ohne Nachforschungen zu betreiben. Lass das mal richtig sacken. Hier sind acht Menschen, die maßgeblich daran beteiligt waren, dass es dich überhaupt gibt und die ihr Leben lang vielleicht alles für die Familie - also dich - gegeben haben. Trotzdem wissen wir nicht wirklich, wer sie waren. So wird es dir realistischerweise später einmal auch ergehen.

Bleibt die Frage: Wenn unsere direkten Nachfahren noch nicht einmal wirklich an uns interessiert sind, warum sollten wir uns von dem Gedanken einschränken lassen, was unser Umfeld wohl denken könnte?

Lass uns diesen Gedanken noch etwas aufbohren: Stell dir deine Beerdigung vor.

Freunde und Familie werden darüber diskutieren, wer was bekommt. Sie werden damit beschäftigt sein, was es wohl nachher zu essen gibt.

Der Fokus wird sich noch am Tag deiner Beerdigung von deinem auf ihr Leben verlagern. Auf dem Heimweg denken sie über ihre anstehenden To-dos nach. Einige werden noch nicht einmal erscheinen, weil irgendwas dazwischen gekommen ist.

Selbst an deiner Beerdigung interessiert sich niemand wirklich für dich. Und wir machen uns ernsthaft Gedanken darüber, was andere über uns denken?

Selbst wenn Menschen an kleineren Entscheidungen in deinem Leben interessiert sind, dann oft nur oberflächlich. Deine Entscheidungen sind dann so etwas wie seichte Unterhaltung oder eine willkommene Abwechslung des eigenen Alltags.

Welchen Hut die Queen zu einem bestimmten Event getragen hat, scheint für einige Personen von Interesse zu sein, jedoch nur von oberflächlichem, ohne Tragweite oder Tiefe – und das obwohl es sich doch auch hier wieder um eine der bekanntesten Personen der Welt handelte.

Die Aussage, dass sich im oben gemeinten Sinne niemand wirklich für dich interessiert, hört sich bis hierhin erst mal nach Bedeutungslosigkeit und Nichtigkeit von jedem Individuum an. Die Erkenntnis soll aber keineswegs nihilistisch sein, sondern ist im Grunde eine sehr befreiende. Wenn ich merke, dass eigentlich gar keiner wirklich an den kleinen Veränderungen und Entscheidungen im eigenen Leben interessiert ist, ist das überaus befreiend.

Die neue Frisur? – Einfach ausprobieren.
Job wechseln? – Einfach machen.
Das neue Hobby? – Einfach wagen.

Vor allem, wenn du bei deiner Entscheidungsfindung stark von der potenziellen Reaktion anderer beeinflusst wirst, ist es sehr hilfreich, zu verinnerlichen, dass es diese Anderen im Zweifel überhaupt nicht kümmert, was du tust.

In der Sozialpsychologie kennt man den sogenannten Spotlight-

Effekt[21] (zu Deutsch: Rampenlicht-Effekt). Zieht man Menschen beispielsweise ein sehr auffälliges und potenziell peinliches T-Shirt an und fragt sie, nachdem sie in einer Gruppe waren, wem das Oberteil aufgefallen sei, so überschätzen sie diese Anzahl immer drastisch. Ähnliche Experimente wurden in verschiedenen Kontexten immer wieder durchgeführt und beobachten alle diesen Effekt.

Ein anschauliches Beispiel des Spotlight-Effekts ließ sich auf einem Klassentreffen bezeugen. Seine gesamte Schullaufbahn war ein Junge verliebt in ein Mädchen seiner Stufe. Über viele Jahre überlegte er sich täglich, was er anziehen könnte, um ihr zu gefallen; fragte sich, wie sie wohl über ihn dachte und deutete jeden ihrer Blicke in seine Richtung. Trotz dieser Anstrengungen kam es bis zum Schulabschluss nie zu einer ernsthaften romantischen Interaktion.

Zehn Jahre später treffen sich die beiden auf ihrem Klassentreffen. Als sie ihn sieht, fragt sie ihn: „Warst du bei uns in der Stufe? Ich kann mich gar nicht an dich erinnern!"

Hoffentlich hat jeder von uns ein paar Menschen im Umfeld, die sich wirklich für uns interessieren – meistens allerdings nicht mehr als eine Handvoll. Mit diesen engen Freunden und Familienmitgliedern sind wir jedoch so eng verbunden, dass sie uns nicht anhand kleiner Entscheidungen beurteilen – sie betrachten uns von einer anderen Perspektive, als die meisten anderen, und schauen liebender hin als Fremde. Da ihre Aufmerksamkeit eine andere Qualität hat, wird sie deine Entscheidungsfindung also nicht hemmend beeinflussen.

ESSENZ: Das nächste Mal, wenn du deine Entscheidung davon beeinflussen lässt, was andere über dich denken könnten, denk an den Spotlight-Effekt und daran, dass sich im Grunde niemand wirklich für dich interessiert – im positiven, befreienden Sinne. Die Erkenntnis, dass wir die Aufmerksamkeit in Bezug auf unsere eigene Person grundsätzlich überschätzen, lässt uns mutiger und klarer entscheiden.

Welche Entscheidungen machst du von der Meinung anderer abhängig und warum?

ARBEITEN

GEHEN

21

STETS BEMÜHT

„Aber ich habe mir doch so viel Mühe gegeben!" Falls du diesen Gedanken schon einmal hattest, dann befindest du dich in Gesellschaft fast aller Menschen auf dieser Welt. Haben wir für etwas viel Mühe aufgewandt, wünschen wir uns auch entsprechende Anerkennung. Leider wird oft eben nicht der Aufwand belohnt, den wir in etwas investieren, sondern die Ergebnisse unserer Arbeit.

Im konventionellen Bildungssystem wird der Wille, sich in etwas einzuarbeiten, oft belohnt. Als Teil einer mündlichen Note fließt so oft die vom Lehrer wahrgenommene Mühe mit ein, die sich ein Schüler bei etwas gibt. Für die Entwicklung von jungen Geistern ist dies sicherlich richtig und wertvoll. In Interaktionen außerhalb des geschützten Mikrokosmos „Schule" sieht dies jedoch völlig anders aus – hier zählen die Ergebnisse, und das aus guten Gründen.

Wie viel Mühe man sich mit etwas gegeben hat, kann leicht simuliert werden, daher hat sich hierfür außerhalb der Kinder- und Jugendarbeit auch kein soziales Belohnungssystem durchgesetzt. Es ist für den Kunden schwer nachzuprüfen, ob der Lieferant Nachtschichten eingelegt hat. Für Kollegen ist es schwierig nachvollziehbar, ob sich der andere Mitarbeiter wirklich Gedanken über das neue Kundenangebot gemacht hat oder nicht. Es ist also einfach gesagt, dass man sich große Mühe gegeben hat. Besonders in der Wissensarbeit bleiben die Denkprozesse unsichtbar. Und bei körperlicher Arbeit kann echte Mühe nicht einfach von simulierter unterschieden werden – oder könntest du beurteilen, ob ein anderer Mensch noch weitere 10 km in einem Langstreckenlauf hätte laufen können? Überprüfbar sind lediglich die Ergebnisse: das fertige Angebot; das erwünschte Produkt zur richtigen Zeit am richtigen Ort; die nach Vereinbarung erbrachte Dienstleistung.

Die Frage nach der Wertschätzung der eigenen Anstrengung scheint aus einer Überfluss-Situation zu kommen. Da, wo Ressourcen rar sind und das Überleben nicht selbstverständlich ist, wird uns klar, warum das auch meist nicht förderlich für ein System wäre.
Übertreibung dient der Verdeutlichung und daher möchte ich

gedanklich in die Steinzeit springen. Hier ging es um das blanke Überleben - Nahrung finden, Schutz suchen. Ist jemand losgezogen, um Beeren zu sammeln oder ein Tier zu jagen und ohne Beute zurück zur Gruppe gekehrt, wurde er selbstverständlich nicht dafür gefeiert. Denn für das Unterfangen hat diese Person Energie verbraucht. Energie, die in Form von Nahrung nun erst wieder gesammelt oder erjagt werden muss, um den Fortbestand der Gruppe zu sichern. Kam jemand mit fetter Beute zurück zur Gemeinschaft, wurde er hierfür mit Anerkennung belohnt – ein Anreizsystem, das sicherstellte, dass Beute geteilt wurde. Mitglieder der Gruppe, die viel Aufwand betrieben haben, ohne Ergebnisse zu liefern, haben also das Überleben der gesamten Sippe gefährdet. Jemanden nur für seine Anstrengung zu belohnen, hat demnach in der Evolution des Menschen keinen Sinn ergeben. Sinnhaft war dies lediglich für den Nachwuchs. Hier wurden auch schon die Versuche belohnt, da dies das kontinuierliche Verbessern der eigenen Nahrungsbeschaffungsaktivität anregte.

Obwohl sich unsere Umwelt in den letzten Jahrtausenden drastisch verändert hat, ist unser Hirn dem unserer Vorfahren noch sehr ähnlich. In Wohlstandsgesellschaften sind wir selbstverständlich über die Zustände der Steinzeit hinaus. Nichtsdestotrotz hilft uns auch heute ebendieser Mechanismus immer noch, im gemeinsamen Interesse Ziele zu erreichen und schonend mit den gegebenen Ressourcen umzugehen.

Es geht also im Kern um Effektivität: Die Wirksamkeit unserer Aktionen in Bezug auf das Erreichen eines bestimmten Zieles. Bewertet und belohnt wird also durchaus in den meisten Kontexten, wie nah wir unserem gesteckten Ziel gekommen sind. Da jeder von uns nur eine begrenzte Lebenszeit auf diesem Planeten zur Verfügung hat, versuchen wir diese Ziele in der Regel so ressourcenschonend wie möglich zu erreichen. Dies ist eine zweite nachgelagerte Bewertungsdimension: die Effizienz.

Belohnt werden wir immer, wenn wir unsere Ziele möglichst erreichen - die Frage nach Effektivität. Haben wir dies getan, wird relevant, wie viel Aufwand wir hierzu benötigt haben - die Frage nach Effizienz.

Nach einer schlechten Note sagt der Student: „Aber ich habe doch so viel in der Bibliothek gesessen und gelernt!" und erwartet hierfür Anerkennung.

Der Ehemann, der seiner Frau ein selbstgemaltes Bild und zwei verwelkte Tulpen schenkt, sagt zu seiner enttäuschten Frau: „Schatz, wenn du wüsstest, wie viel Mühe ich mir gegeben habe!"

In beiden Fällen darf erkannt werden, dass hier in Realität doppelt versagt wurde: Das Ziel wurde verfehlt und dies auch noch mit hohem Aufwand. Letzteres macht es also nicht besser, sondern noch schlimmer. Steht in einem Arbeitszeugnis also das bekannte „er/sie war stets bemüht", wissen wir nun, warum es sich hier um eine deutliche Abwertung unserer Arbeitsleistung handelt. „Sich Mühe gegeben zu haben", bekommt im Leben immer nur den Trostpreis.

ESSENZ: Es geht im Leben in den meisten Fällen nicht darum, wie viel Mühe du dir mit etwas gibst. Stimmt das Ergebnis nicht, ist es irrelevant für den Empfänger, ob du dir viel Arbeit mit etwas gemacht hast. Fokussiere dich auf das effektive Erzeugen von Ergebnissen. Der Weg zu diesen Ergebnissen darf dir Spaß machen, denn er interessiert im Zweifel niemanden.

Wo erwartest du für deine Bemühungen und nicht für deine Ergebnisse belohnt zu werden?

22

WIE WEITERBILDUNG DEFINITIV SCHEITERT

Was nicht wächst, stirbt. So ist es in der Natur. An Wachstum erkennen wir, ob etwas lebt oder nicht. Eine Pflanze, ein Tier oder ein Mensch, der aufhört zu wachsen (also Zellteilung zu betreiben), fängt an zu sterben. Das gilt für jedes individuelle Lebewesen auf unserem Planeten, aber auch aus übergeordneter Perspektive. Betrachten wir die großräumigen Zusammenhänge und schauen uns alle Lebewesen über Generationen hinweg an, stellen wir auch Wachstum fest. Dieses Wachstum ist eine langsame, immer fortschreitende Entwicklung und wird Evolution genannt. In der Natur geht es nicht um willkürliches Wachstum als Selbstzweck, sondern um zielgerichtetes Wachstum mit dem Ziel, überlebensfähig zu sein. Selbes gilt auch für uns als Individuen sowie für Unternehmen und für Wirtschaftssysteme. Es ist eine universelle Gesetzmäßigkeit.

Um deutlich zu sein: Es geht dabei nicht um Wachstum im Sinne von zielloser Ausweitung, es geht um Wachstum im Sinne von Anpassung und Verbesserung.

Für uns ergibt sich daraus, dass wir uns selbst permanent weiterentwickeln dürfen. Deshalb ist Weiterbildung ein Thema, das uns ein Leben lang begleiten darf - ob theoretisch oder handwerklich. Hören wir auf, uns weiterzubilden, verwalten wir unser Leben nur noch und verneinen damit das Lebendige.

Nicht zu lernen erzeugt Schulden. Schulden im Sinne von Aufholbedarf. Stellen wir uns jemanden vor, der einen großen beruflichen Sprung machen möchte, sich aber jahrelang nicht weitergebildet hat. Diese Person muss nun zunächst müßig ihre "Entwicklungsschulden" abbezahlen, um vorwärtszukommen. Sie muss zuerst all das Wissen und die Erfahrungen um die Entwicklungen der letzten Jahre aufholen, um überhaupt befähigt zu sein, weiterzukommen. Wie in der Finanzwelt gibt es auch bei der Weiterbildung eine Art Zinseszins-Effekt: Je länger ich nichts Neues gelernt habe, desto mehr habe ich aufzuholen und gleichzeitig fällt es mir schwerer, es zu lernen, weil ich keine Routine im Lernen habe. Wir können Lernen verlernen. Sich lange nicht weiterzubilden fühlt sich irgendwann so an, wie einen großen Kredit mit hohem Zinssatz tilgen zu müssen.

Neue Impulse sind wie Samenkörner. Die Erde, auf die sie fallen, darf fruchtbar sein, damit sie wachsen und erblühen können. Unser Verstand liebt es, in seinen Ansichten bestätigt zu werden. Wir mögen die Dinge, die wir schon kennen und von denen wir denken, sie seien korrekt. Bücher, Reden und andere Impulse empfinden wir dann als gut und richtig, wenn darin bestätigt wird, was wir ohnehin schon wissen und glauben. Vor dem Hintergrund der Weiterentwicklung kann es interessant sein, in die Themen einzusteigen, die genau nicht in diese Kategorie fallen. Denn nur da, wo wir uns Themen öffnen, die außerhalb des uns bekannten Weltbildes liegen, haben wir die Chance, gänzlich neue Erkenntnisse zu erlangen und dadurch unsere Handlungsoptionen zu erweitern. Und genau das ist nicht weniger als die Grundidee des Wortes Weiterbildung: Es geht darum, unser bisheriges (Welt-) Bild zu erweitern.

ABER HALT MAL!

Weiterbildung bedeutet Entwicklung und diese bedeutet immer auch Veränderung. Das kann gegebenenfalls unangenehm sein - und sowas kann ja wohl keiner wollen. Um sicherzustellen, dass wir uns auf keinen Fall weiterentwickeln und um dafür zu sorgen, dass alles beim Alten bleibt, kann man zum Glück etwas tun. Daher findest du nachfolgend fünf Anleitungspunkte dazu, wie Weiterbildung definitiv scheitert:

1. Übernimm keine Eigenverantwortung

Wichtig beim Verhindern von Weiterbildung ist, dass du auf keinen Fall eigenverantwortlich in ein neues Thema gehen darfst. Was hier grundsätzlich hilft, ist die feste Überzeugung, nichts mehr dazulernen zu können, weil man nicht mehr besser werden kann. Da du ohnehin schon alles weißt, oder einfach bequem und gleichgültig bist, können dir Impulse zur Fortbildung und Weiterentwicklung nur von außen aufgezwungen werden.

Am besten hat der Chef dich zu einem Kurs oder Training geschickt. Im Idealfall wurde dir eine Weiterbildungsmaßnahme als Strafe von deinem Vorgesetzten verordnet.

Hast du keinen Chef, könnte dich irgendein willkürlicher Lehrplan zur Weiterbildung verpflichten. Perfekt! Weiterbildung kann dir so nichts anhaben.

In jedem Falle ist es von zentraler Bedeutung, dass die Kosten und sonstiger Aufwand für deine Weiterbildung nicht von dir getragen werden. Es kann sich sonst das Gefühl von Eigenverantwortung einschleichen, was die Chancen steigert, dass du dich aktiv in ein neues Thema einarbeitest.

2.   Habe kein echtes Interesse

Sehr effektiv verhinderst du Weiterbildung, indem du dich mit einem für dich völlig irrelevanten Thema befasst. Woran merkst du, dass du kein echtes Interesse an einem Thema hast? Es ist einfach zu überprüfen: Stell dir vor, du sitzt in einer Fortbildung und ihr kommt zu den wichtigsten Inhalten. Du schaust auf die Uhr, als du bemerkst, dass es 16 Uhr ist. Da laut deinem Arbeitsvertrag jetzt Feierabend ist, lässt du den Stift fallen und verlässt fluchtartig den Raum. Alles richtig gemacht! Du musst keine Angst haben, dass diese Weiterbildung funktionieren könnte. Solange du dich nicht auch nur eine Minute länger mit einem Thema beschäftigst, als du musst, musst du dich nicht vor Entwicklung fürchten. Wähle ein Themengebiet, mit dem du dich unter keinen Umständen auch in deiner Freizeit beschäftigen würdest.

Ein gutes Beispiel für eine Kombination aus Punkt 1 und 2 wäre, wenn du als autoritärer, cholerischer Narzisst als Führungskraft völlig versagt hättest und nun von deinem Boss zur Strafe ein Training zu selbstorganisierten Teams und hierarchieloser Führung verordnet bekämst.

3.   Mache es möglichst emotionslos

Um dich vor neuem Wissen und neuen Fertigkeiten zu schützen, kann es helfen, sich damit zu befassen, was gutes Lernen ausmacht, um es nicht aus Versehen zu tun. Effektives Lernen lässt sich in einer einfachen Formel darstellen:

Effektives Lernen = Emotionale Intensität x Wiederholungshäufigkeit

Ist etwas sehr emotional, müssen wir es nicht oft wiederholen, um es uns zu merken. Auf heiße Herdplatten fasst man zum Beispiel nicht zweimal. Lateinvokabeln müssen hingegen häufig immer wieder gepaukt werden.
Mache die Dinge also möglichst emotionslos und wiederhole sie dann so wenig wie möglich. Und Achtung - etwas unemotional zu sehen ist gar nicht so einfach. Sobald du dich von etwas gereizt oder irritiert fühlst, könnte das schon dazu führen, dass du es dir besser merken kannst oder sogar vermehrtes Interesse aufbaust.

4.   Bereite dich nicht vor

Solltest du aus Versehen Seminare, Fortbildungen oder Trainings besuchen, ist es wichtig, dich auf keinen Fall vorzubereiten. Ignoriere auf jeden Fall jegliche Vorbereitungshinweise, die du im Vorfeld bekommst. Liest du im Vorhinein Leseempfehlungen oder bringst die erforderlichen Materialien mit, läufst du nur Gefahr, dass du neue Impulse leichter annimmst. Solltest du versehentlich doch Vorbereitungshinweise gelesen haben, tue einfach das Gegenteil: Werden zum Beispiel Stifte für einen Kurs benötigt, bringe keine mit und tue so, als sei es völlig überraschend, dass du welche brauchst. Fortgeschrittene können dann noch eine Diskussion mit der Fortbildungsleitung darüber anfangen, ob Vorbereitung überhaupt notwendig ist. Das hat den Vorteil, dass Zeit verloren geht, die man ansonsten mit Weiterentwicklung verbringen würde.

Bei Online-Seminaren hast du es noch mehr in der Hand. Stelle sicher, dass du vor Beginn des Online-Kurses auf keinen Fall deine Technik überprüfst. Im Idealfall merkst du erst bei Beginn der Veranstaltung, dass deine Internetverbindung zu schwach ist und du weder Kamera noch Mikrofon hast. Solltest du Kamera und Mikrofon haben, solltest du sie unbedingt ausschalten. Je anonymer du dich machst, desto eher nimmst du nicht aktiv am Kurs teil, was dich vor der Gefahr von Veränderung bewahrt.

5. Lass dich unterbrechen

Sich einem neuen Thema voll und ganz hinzugeben, trägt das Risiko, neue Erkenntnisse zu erlangen. Lass dich also möglichst oft aus dem neuen Kontext rausreißen - am besten in deine alten, gewohnten Themen. Wurdest du beispielsweise in ein Training für professionelles Projektmanagement geschickt, ist es sehr hilfreich, hier immer wieder von dringlichen Anrufen oder E-Mails aus einem schlecht laufenden Projekt rausgeholt zu werden. Dein Hirn springt dann sofort in alte Muster, was es neuen Impulsen schwieriger macht, Fuß zu fassen. Außerdem verpasst du Teile des Seminars, was es quasi unmöglich macht, Zusammenhänge zu verstehen. Du siehst: Eine sehr effektive Abwehrstrategie.

ESSENZ: Was nicht wächst, stirbt. Wir dürfen uns daher permanent weiterentwickeln. Theoretische und praktische Weiterbildung ist eine lebenslange Aufgabe, die uns genau das ermöglicht. Themen, die außerhalb unseres Weltbildes und unserer gewohnten Denkstrukturen liegen, können dabei besonders fruchtbar sein. Weiterbildung ist dann besonders effektiv, wenn wir eigenverantwortlich an Themen gehen, die uns wirklich interessieren und in diese emotional, gut vorbereitet und fokussiert eintauchen.

In welchem Bereich bildest du dich gerade weiter? Warum? Was könntest du selbst beisteuern, um größere Bildungserfolge zu erzielen?

23

ROTEN FADEN VERLOREN

Warum suchen alle nach dem roten Faden?

Ob in Vorstellungsgesprächen oder beim Small Talk - oft werden wir nach dem roten Faden in unserem Leben gefragt - mal direkt und mal subtil. Die zugrunde liegende Frage: Was ist die eine Sache, die sich im Leben eines Menschen durchzieht?

Manch einer hat eine schlüssige Geschichte auf Lager; andere kommen eher ins Stocken. Das Interessante: Beide haben das richtige Gefühl, denn es ist wichtig zu verstehen, dass die meisten roten Fäden von uns selber oder unserem Umfeld erdacht sind. Dahinter verbirgt sich der sogenannte Story Bias[22]: Unser Gehirn zwängt die komplexe und oft willkürliche Realität in eine konsistente Geschichte. In der Rückschau betrachtet, sorgt unser Unterbewusstsein dafür, dass alles Sinn ergibt und kausal zusammenhängt. Unser Denkapparat "tickt" in widerspruchslosen Geschichten - mit der Realität hat das oft wenig zu tun. Der vermeintlich erkennbare rote Faden ist also übertrieben gesagt meist nicht mehr als ein Hirngespinst.

Da wir es uns unterbewusst oft noch leichter machen, gehen wir weiter als vermeintliche rote Fäden zu erkennen: Wir reduzieren unsere Mitmenschen auf eine einzige Eigenschaft oder Sache, für die sie in unseren Augen stehen. Das gibt es z. B. in Form von der Kategorisierung in:

- Beruf: "Thomas der Banker" oder „Marie die Gärtnerin"
- Charakter: "Der schüchterne Tim" oder "Die laute Sarah"
- Herkunft: „Peter der Kölsche" etc.

Solange wir diese Geschichten und Überschriften bestätigt sehen, sind wir beruhigt. Menschen scheinen jedoch Schwierigkeiten damit zu haben, wenn sie den dicken roten Faden oder die eine Sache, für die ein Mensch steht, nicht (mehr) identifizieren können. Hierfür gibt es einen Hauptgrund: Vereinfachung der Welt durch eingeschränkte Wahrnehmungsfähigkeit.

Wir können nur einen Bruchteil der Informationen verarbeiten, die unsere Sinne wahrnehmen. Einen Großteil der Realität filtern wir bewusst und unbewusst aus. Um also nicht von einer Überdosis Informationen gelähmt zu werden, denken wir uns einfache Stories aus. Evolutionsbiologisch betrachtet haben diejenigen überlebt, die ihr Umfeld schnell in "gefährlich oder ungefährlich" in "Freund oder Feind" in "verlässlich oder unzuverlässig" sortieren konnten. Es war also von Vorteil, sich prompt eine Meinung über jemanden zu bilden. Dazu kommt, dass wir Menschen keine unendlichen Energieressourcen haben. Gefahren einzuschätzen bindet diese Ressourcen ungemein, daher hat sich die Natur freundlicherweise für uns auf den Weg gemacht, uns das Leben zu erleichtern: Wir sortieren Menschen, Dinge, Erlebtes unbewusst und sekundenschnell in bestimmte Kategorien - denn so müssen wir diese für uns harte Arbeit einmalig anstatt ständig vollziehen. Die Denkmuster unserer Vorfahren lassen uns also schnell über jemanden eine Geschichte bilden, um ihn - für alle Zeit - besser einschätzen zu können.

Diese Mechanismen laufen permanent in uns ab. Um uns also in der komplexen und willkürlichen Wirklichkeit zurechtzufinden, kreieren wir zur Not einen roten Faden, der nicht existiert oder geben einem Menschen eine Überschrift, die völlig falsch ist.

Realität ist jedoch, dass das einzig Konstante - der einzige rote Faden - im Leben eines Menschen der Mensch selbst ist. Selbst unsere eigene Vergangenheit ist lediglich die Geschichte, die wir uns selbst über unser Leben erzählen.

In der Philosophie gibt es hierzu das Paradoxon des Schiffs des Theseus: Im alten Athen wurde die Galeere des berühmten Königs Theseus lange aufbewahrt. Im Laufe der Zeit mussten immer wieder alte Planken ausgetauscht werden. Als schließlich alle Einzelteile einmal ausgetauscht waren, stellte sich die Frage, ob das Boot nach wie vor das Boot des Theseus sei oder ein völlig anderes. Verliert jemand oder etwas seine Identität, wenn Einzelheiten nach und nach ausgetauscht und verändert werden? Suchen wir nach roten Fäden, suchen wir nach etwas Konstantem, was die Identität über alle Veränderung hinweg ausmacht.

Wenn wir jedoch jedem die Freiheit geben, sich jederzeit neu zu erfinden, macht uns das alle ein Stück freier.

- Ein Diplom-Klarinettist kann zum Versicherungsmakler umschulen.
- Eine regional verwurzelte Person kann auswandern und sich plötzlich in der ganzen Welt zu Hause fühlen.
- Ein Vereinsmeier kann vereinslos glücklich werden.

Wenn wir realisieren, dass die meisten roten Fäden und Überschriften, die wir meinen, für jede Biografie zu erkennen, lediglich eine gesponnene Geschichte unseres Unterbewusstseins ist, können wir bewusster damit umgehen.

Menschen machen sich nicht unglaubwürdig, nur weil sie in unserer eingeschränkten subjektiven Wahrnehmung nicht konsistent handeln. Im Gegenteil - meiner Meinung nach ist jemand nicht automatisch glaubwürdig, nur weil er beispielsweise seit 40 Jahren denselben Job macht. Glaubwürdig ist diejenige, die das tut, was ihr Erfüllung und Glück bringt - und das kann sich mit der Zeit ändern.

Einer der größten Vorteile einer freien Gesellschaft ist schließlich die Möglichkeit, sich aus eigener Kraft weiterzuentwickeln - in welche Richtung auch immer.

Doch wie gehen wir damit um, wenn uns jemand nach unserem roten Faden fragt? Schließlich gehört die Frage immer noch zum Standardrepertoire in Bewerbungsgesprächen?

Wir wissen ja jetzt, dass es den Faden gar nicht gibt und können daher die Frage einfach anders interpretieren: Die Person bittet uns eigentlich darum, ihr eine interessante Geschichte zu erzählen. Im Grunde ist es also ein Storytelling-Test. Wenn wir es als solchen sehen und uns nicht damit befassen, ob die Geschichte rational betrachtet tatsächlich konsistent und widerspruchslos ist, wird das Gespräch deutlich einfacher. Ohne dass wir Lügen müssen, erkennt das Gegenüber auch in "krummen Lebensläufen" durch eine gute Geschichte eine klare Linie.

Genauer betrachtet gibt es eigentlich ausschließlich "krumme Lebensläufe"; der einzige Unterschied besteht in der Qualität der Story. Warum werden krumme Lebensläufe immer noch nicht so gerne gesehen? Warum hadern wir damit, wenn wir den vermeintlich vorhandenen roten Faden oder die einmal gesetzte Überschrift in jemandem nicht mehr zu 100 % wiedererkennen? Das erklärt sich wahrscheinlich ausschließlich dadurch, dass noch zu wenige Menschen dieses bahnbrechende Kapitel gelesen haben … Und vielleicht auch noch ein kleines bisschen damit, dass wir mit unseren roten Fäden viel lieber ein-eindeutig recht behalten, als diese immer wieder neu zu überdenken und gegebenenfalls sogar umfädeln zu müssen - ein großer Energieaufwand, den wir naturgemäß scheuen. Dennoch steht es uns frei, in diesem Kontext auch unsere Ratio zu bemühen: Ist es nicht eigentlich eine große Stärke, sich zu verändern und weiterzuentwickeln? Sich einer neuen, unbekannten Herausforderung zu stellen, verdient doch größten Respekt - oder nicht?

Wenn wir realisieren, dass der rote Faden in der Biografie unseres Gegenübers nicht vorhanden sein muss, dann befreit uns das auch selbst vom Zwang, unsere eigene Lebensgeschichte so weiterzuschreiben, wie wir meinen, dass sie aufgrund des roten Fadens unserer Vergangenheit verlaufen müsste.

ESSENZ: Unser Gehirn mag konsistente Geschichten, weshalb wir in der komplexen und oft willkürlichen Realität rote Fäden erkennen, die es meist gar nicht gibt. Auch unsere eigene Vergangenheit ist lediglich die Geschichte, die wir uns selber über unser Leben erzählen. Diese Erkenntnis lässt uns Veränderung und Weiterentwicklung bei uns und anderen wohlwollender entgegenschauen.

Welcher rote Faden zieht sich durch dein Leben? Könnte es sein, dass dieser gar nicht existiert?

24

MOMENTUM

In manchen Phasen deines Lebens kann dich nichts aufhalten. Du bist im Job gefordert und brillierst. Termine mit Familie und Freunden nimmst du fit, präsent und voller Freude wahr. Nebenbei treibst du noch deine privaten Herzensprojekte voran. Nichts könnte dich von deiner morgendlichen 5-km-Laufrunde abhalten. An die letzte Erkältung kannst du dich nicht erinnern. Die ersten drei Probleme des Tages bemerkst du gar nicht, weil du so in Fahrt bist - du hast einen richtigen Lauf.

Wir spulen einige Wochen vor: Ein paar unbemerkte Änderungen in deiner Routine haben ausgereicht, um dich aus dem Takt zu bringen. Gähnende Müdigkeit hält verstärkt Einzug in deinen Alltag. Und dann kommt er, der unumgängliche Moment, in dem du dich fragst, wie du das die letzten Monate alles unter einen Hut bekommen hast und das auch noch mit großer Freude. Jetzt überfordern dich schon Kleinigkeiten. Den Müll rausbringen? "Wie soll ich das denn heute noch schaffen?" Das Geschenk für die Geburtstagsparty einpacken? Du sagst lieber ab, fühlst dich eh nicht wohl. Jeder kleine Stolperstein wird zum unüberwindbaren Hindernis.

Dir fehlt, was du vor kurzem noch hattest: Momentum.

In der Physik multipliziert man die Masse mit der Geschwindigkeit eines Gegenstandes, um das Momentum zu berechnen. Aus dem Lateinischen kann man Momentum mit Bewegungskraft übersetzen. Mit wie viel Schwung du unterwegs bist, entscheidet darüber, wie leicht du im Leben vorwärtskommst.

Am Bahnhof meiner Heimatstadt teilen sich Güter- und Personenzüge ein einziges Gleis. Während man hier auf seine Bahn wartet, kommt es also vor, dass ein Güterzug mit voller Geschwindigkeit durch den Bahnhof rast - wenige Zentimeter von einem entfernt. Wenn du schon mal in der Nähe von Gleisen standest, wenn ein Frachtzug vorbei donnert, kennst du das Gefühl. Die Wucht der tonnenschweren Kolonne geht einem durch Mark und Bein. Man wird vom Sog fast mitgerissen und kommt zur unumstößlichen Einsicht, dass so ein Güterzug nicht so schnell aufzuhalten ist. Stellen wir uns andererseits vor, diesen Zug in

Gang bringen zu wollen, wenn er einmal steht, scheint das fast unmöglich.

Nicht viel anders sieht es bei uns menschlichen Geschöpfen aus. Daher lohnt es sich, sich damit zu befassen, wie du Momentum aufbaust und wie du es aufrechterhältst - genau das wollen wir im Folgenden tun.

Momentum aufzubauen ist tatsächlich die größere Herausforderung, denn Initalenergie ist am schwierigsten aufzubringen. Es ist deutlich einfacher, etwas aufrechtzuerhalten, als etwas ins Rollen zu bringen. Mit genug Momentum räumt man Hindernisse einfacher aus dem Weg. Eben genau wie ein 100 Tonnen Güterzug bei voller Fahrt von fast nichts aufzuhalten ist. Bei großer Geschwindigkeit fährt so ein Güterzug ohne Probleme durch Lkw, Wände oder Absperrungen - eine Tatsache, die wir bei Zugunglücken bezeugen können. Fährt er gerade erst an, kann ein etwas dickerer Ast für denselben Zug schon zum unüberwindbaren Hindernis werden. Hierzu zwei Impulse:

1. Der erste Schritt ist der größte Teil des Weges. Um ein positives Momentum im eigenen Leben aufzubauen, ist diese Erkenntnis schon sehr wertvoll. Da du weißt, dass der Anfangsimpuls am meisten Aufwand kostet, kannst du dich darauf einstellen und verlierst nicht an Motivation. Zu Beginn sieht es nämlich so aus, als würde sich der Zug kaum bewegen, und das, obwohl die Motoren hier Höchstleistung bringen. Durchhalten ist angesagt. Beginnen wir mit etwas, erleben wir oft eine Art Paradoxon. Bei hohem Aufwand sind die Ergebnisse zu Beginn nahezu unsichtbar. Hier ist es verlockend nachzulassen und weniger Kraft einzusetzen, da sich wenig bewegt. Zu Beginn weniger Kraft einzusetzen, führt nicht zu weniger Ergebnissen, es führt zu gar keinen - der Zug bleibt früher oder später wieder stehen. Geben wir jetzt jedoch nicht auf, werden bald immer mehr Ergebnisse mit immer weniger Aufwand sichtbar.

2. Eine zweite Taktik, die uns Momentum aufbauen lässt, ist es, möglichst früh ins Handeln zu kommen. Aktion erzeugt Motivation. Einfach anfangen - erste Schritte gehen - den Wagen anschieben. Hast du ein Thema vor der Brust und weißt es nicht recht anzupacken, dann starte mit der einen Tätigkeit, die du bereits unternehmen kannst. Du kommst dadurch in Bewegung, anstatt dir den schweren Güterzug, die große Aufgabe, die unüberwindbaren Hindernisse nur anzuschauen. "Hoffe wenig und wirke viel, das ist der sicherste Weg zum Ziel" ist die Devise.

Sind wir in Bewegung, ist die Frage, wie wir den Zug am Rollen halten - wie wir Momentum aufrechterhalten. Das Mantra lautet hier: Stay ready, so you don't have to get ready - Bleib bereit, um dich nicht bereit machen zu müssen. Je länger wir etwas pausieren, desto müßiger ist es, es wieder aufzunehmen. Muskelmasse, die einmal aufgebaut ist, lässt sich durch weniger Energie aufrechterhalten, als für den initialen Aufbau nötig war. "Schütze, was dich antreibt", lautet die tägliche Strategie, um Momentum beizubehalten.

In diesem Zusammenhang können wir von folgendem viel gesehenen Phänomen lernen: Wie kann es sein, dass Unternehmen und Menschen, die einmal sehr erfolgreich waren, diesen Erfolg verlieren? Die Antwort: Sie wenden den Fokus von dem, was sie erfolgreich gemacht hat, ab und versuchen, andere, zusätzliche Dinge zu tun. Ist ein Unternehmen sehr erfolgreich, bieten sich durch die finanziellen Mittel plötzlich unzählige neue Möglichkeiten. Paradoxerweise verleitet uns das Streben nach Erfolg in diesem Fall zum Misserfolg. Energie wird in viele neue verlockende Optionen gesteckt. Diese Zerstreuung führt dazu, dass das, was den Erfolg initial ausgemacht hat, vernachlässigt wird. Erfolg kann uns davon ablenken, uns auf die Dinge zu fokussieren, die diesen Erfolg überhaupt erst ermöglichen - und genau die gilt es unbedingt und zu jeder Zeit zu schützen.[23]

Was ich bei mir selber auch oft beobachtet habe: Wenn sich Erfolge in Reihe einstellen, bürden wir uns mehr auf und das auf Kosten der

Dinge, die uns am Laufen halten: Wir schlafen weniger, lassen Sporteinheiten ausfallen und kümmern uns weniger um uns selbst. Wir erleben in Folge Misserfolg und das nimmt uns die Lust weiterzumachen oder setzt uns gar gänzlich außer Gefecht. Durch Krankheit werden wir dann zur Zwangspause getrieben und verlieren unser Momentum. Darum: Schütze deine Gesundheit, gönn dir den Schlaf, den du brauchst, bereite dich gewissenhaft vor, pflege deine wichtigsten Beziehungen. Was auch immer es ist, was dich am Laufen hält - schütze es. Eine echte Kunst, die so herausfordernd sein kann, wie sie trivial zu sein scheint. Das liegt daran, dass wir uns gerne von unseren Ergebnissen ablenken lassen. Erzielte Ergebnisse sind wie schöne Sehenswürdigkeiten entlang der Gleise unserer Zugfahrt - am liebsten würden wir anhalten, denn wir sind ja ein Stück weit angekommen. Wir dürfen uns jedoch auf unser Momentum konzentrieren, nicht auf einzelne Ereignisse und Ergebnisse auf dem Wegrand. Es geht im Leben nicht um "das" endgültige Ankommen. Unser Zug hat nicht das Ziel, an einer Sehenswürdigkeit oder einem Bahnhof herumzustehen, sondern am Rollen zu bleiben, um sich möglichst weit durch möglichst schöne Landschaften zu bewegen. Ergebnisse stellen sich auf der Fahrt automatisch ein. Stell dir vor, du bist Lokführer und dir unterstellt ist ein Heizer, der die Kohlen ins Feuer schaufelt, um die Dampflok am Laufen zu halten. Deine Aufgabe ist es, genau diesen Heizer klug zu koordinieren und zu schützen, nicht an jeder Sehenswürdigkeit anzuhalten und auszusteigen. Kommt ein kleines Hindernis am Horizont auf, darfst du abwägen. Du könntest entweder den Zug anhalten und neue Gleise für eine Alternativroute legen, die um das Hindernis herumführen. Das wäre sehr langwierig und du müsstest den Zug nachher wieder in Bewegung bringen. Die andere Möglichkeit ist es, etwas mehr Kohle in die Glut zu schmeißen, um das Hindernis zu durchbrechen. Die Zugfahrt unseres Lebens ist kurz und daher bleibt uns keine Zeit, ständig jedes Hindernis zu umgehen. Als Lokführer dürfen wir die Sehenswürdigkeiten auf der Reise genießen, dürfen aber gleichzeitig den Fokus im Maschinenraum behalten, denn das hält uns am Laufen.

Ein unterschätzter Helfer, wenn es darum geht, die Dinge zu schützen, die uns antreiben, sind Routinen. Sind wir zum Beispiel mit viel Momentum im Sport unterwegs, dürfen wir unsere Sporteinheiten konsequent durchführen, auch wenn es verlockend ist, sie immer öfter ausfallen zu lassen. Es ist so verlockend, weil wir ja die Initialenergie schon aufgebracht haben und schon Resultate sehen - was ist da schon eine Sporteinheit? Genau hierbei helfen uns feste Routinen. Das heißt nicht, sich blind beschäftigt zu halten, sondern die erfolgreichen Vorgehensweisen weiterzuführen. Wenn das heißt, alle 3 Tage für 4 Tage eine Pause zu machen, ist das genau der Modus, den du aufrechterhalten darfst. Es geht darum, dass dein Modus Operandi nicht einschläft. Mache die Dinge, die dich antreiben, zur Routine und mache sie dir einfach. Lege dir die Sportsachen z. B. schon abends raus, sonst werden kleine Äste auf den Schienen bald zum unüberwindbaren Hindernis.

Abschließend folgender Impuls: Momentum wirkt anziehend. Oder andersherum: Keiner mag Zauderer. Wir fühlen uns zu denen hingezogen, die mit Schwung durch das Leben gehen, nicht zu denen, die zögerlich und lahm unterwegs sind. Bist du in Schwung, wirst du andere mitreißen - wie der Sog eines vorbei rauschenden Güterzuges. Wenn du wirklich an dem interessiert bist, was du tust, ist es für andere interessant, dabei zuzusehen. Andere Menschen fühlen sich zu dir in dem Bereich hingezogen, in dem du ein starkes Momentum aufgebaut hast.

ESSENZ: Mit wie viel Momentum du unterwegs bist, entscheidet darüber, wie leicht du im Leben vorwärtskommst. Um Momentum aufzubauen, gilt es schnell ins Handeln zu kommen und den Anfangswiderstand mit Disziplin zu überwinden. Um Schwung aufrechtzuerhalten, schütze das, was dich antreibt. Mache die Dinge, die dich antreiben, zur Routine und mache sie dir einfach.

In welchem Bereich deines Lebens hast du gerade viel Momentum und wie genau erhältst du es aktuell aufrecht?

25

HOHEITSWISSEN

Hoheitswissen oder Transparenz - welche Strategie verfolgst du?

Seit langer Zeit beschäftigt mich die Frage, ob es notwendig ist, Wissen für sich zu behalten, um erfolgreich zu sein. Warum sich mir diese Vermutung überhaupt aufdrängt? Weil ich viele - insbesondere seniore - Persönlichkeiten im geschäftlichen Kontext kennenlernen durfte, deren Karriere zu großen Teilen dadurch befeuert wurde, dass sie Wissen aufgebaut und dieses dann für sich behalten haben. Meiner Meinung nach ist dieses Karrieremodell sowohl für Individuen als auch für Organisationen nicht zukunftsfähig. Zur Einordnung: Sicherlich gibt es Bereiche, in denen das Zurückhalten und Schützen von Wissen notwendig ist. Ich denke hier z. B. an Patente für neue Produktideen, Schaltpläne für neu entwickelte Maschinen, Rezepturen für Getränke oder Ähnliches. Genauer meine ich hier in diesem Kapitel das Zurückhalten von Wissen mit der Motivation der eigenen Machterhaltung.

Um etwas Klarheit in die Karrierestrategie „Herrschaftswissen" zu bringen, habe ich sie nachfolgend dem Gegenpol "Transparenz" gegenüber gestellt:

	HOHEITSWISSEN	TRANSPARENZ
Definition	Wissen, das sich jemand aufgrund seiner Stellung, seiner dienstlichen Aufgaben angeeignet hat und das anderen nicht zugänglich ist. (Duden)	Bereitwillige Wissensteilung; Durchschaubarkeit, Nachvollziehbarkeit
Historische Relevanz	Zeit vor moderner Telekommunikation - bis 1970	Zunehmend mit Entwicklung des Informationszeitalters
Herkunft	Mittelalterliches Werkzeug der Machterhaltung. Der König, der zum Priester sagt: "Halt du sie schön dumm, ich halte sie arm". Die Aufklärung breiter Bevölkerungsschichten war die größte Gefahr für etablierte Gesellschaftsschichten. Wissen diente Jahrhunderte dazu, bestehende Strukturen zu sichern.	Mit zunehmender Arbeitsteilung und zunehmender Komplexität wurde Kooperation immer wichtiger. Wirkliche Innovationen setz(t) en starken interdisziplinären Wissensaustausch voraus.

	HOHEITSWISSEN	**TRANSPARENZ**
Zukunftsfähigkeit	Dieses Konzept reicht noch für viele Jahre und viele individuelle Karrieren, wird aber in Zeiten der Digitalisierung und einhergehender Transparenz in allen Lebensbereichen immer weniger bedeutsam. Je höher die Komplexität der Herausforderungen einer Branche ist, desto weniger wird Herrschaftswissen zum Erfolg beitragen.	Zukünftiges Dogma der Zusammenarbeit. Komplexe Probleme (welche in sich schnell entwickelnden Gesellschaften häufiger auftreten) können nur durch den Zugriff auf größtmöglichen Wissens- und Erkenntnisschatz gelöst werden. Organisationen, in denen Wissen nicht geteilt wird, werden vom Markt ausscheiden.
Anwendungsgebiet	Individuell sinnhaft, wenn das Ziel die eigene Unersetzbarkeit und der Erhalt des Status quo ist.	Für den Fortschritt von Teams und der Gesellschaft förderlich. Individuell auch sinnhaft, wenn das Ziel langfristige Glaubwürdigkeit und Austausch ist.
Effekt auf Selbstwertgefühl	Jemand, der nur deshalb erfolgreich ist, weil er Kollegen, Kunden oder dem Markt Informationen vorenthält, wird dies auf unterbewusster Ebene immer merken und das Gefühl behalten, es ohne dieses Mittel nicht geschafft zu haben.	Mut und Zuversicht, trotz Transparenz erfolgreich zu sein. Glaube an die eigenen Fähigkeiten und an die eigene Anpassungsfähigkeit.

Ein Beispiel für Transparenz als Erfolgsstrategie: Bekannte Künstler. Der berühmte Saxophonist Stan Getz hätte jederzeit sein Notenmaterial preisgeben und erklären können, wie genau er übt, ohne die Angst haben zu müssen, hierdurch den eigenen Erfolg zu schmälern. Das Geheimnis liegt nämlich nicht in den Daten und Fakten, sondern in dem Zusammenspiel aller Eigenheiten von Getz. Gleiches gilt für jeden von uns.

Im Nachhinein festzustellen, dass ein Kollege Informationen zurückgehalten hat, nur um die eigene Position zu stärken, ist nicht nur etwas peinlich, sondern untergräbt dauerhaft die Kompetenzzuschreibung und Glaubwürdigkeit einer Person.

Durch die permanente Verfügbarkeit von immer mehr Informationen für immer mehr Menschen auf dieser Welt werden Informationen zur Massenware und Hoheitswissen zunehmend irrelevant. Das bedeutet auch, dass es immer unwichtiger wird, viele Fakten zu kennen, da dies keinen Wettbewerbsvorteil (mehr) darstellt. Wir können uns zunehmend als Individuen und Organisationen damit befassen, komplexe Probleme zu lösen, indem wir uns miteinander vernetzen.

Wenn wir über Hoheitswissen sprechen, kommen wir nicht umhin, uns grundsätzlich zu überlegen, wie wir zu den Themen Teilen und Kooperation stehen. Hierzu können wir drei Kooperationstypen definieren:

1. Nehmer: Personen, die darauf fokussiert sind, mehr aus einem System herauszubekommen, als sie reingeben. Wir alle kennen diesen einen Menschen, der immer gerne nimmt, aber nie zu geben scheint.

2. Tauscher: Personen, die sehr darauf fokussiert sind, nur genau so viel zu geben, wie sie auch bekommen.

3. Geber: Personen, die gerne und großzügig in ein System hineingeben, ohne den Fokus nur darauf zu haben, was sie auch zurückbekommen. Geber haben in den meisten Fällen sehr gut verstanden, in einer Umwelt mit Nehmern und Tauschern zu navigieren und geben nicht „blind". Es geht nicht um selbstloses, aufopferungsvolles ausgenutzt werden, sondern um die Haltung im Zweifel eher Ressourcen zu teilen, wenn man es kann.

Wir können also zwischen diesen 3 Grundhaltungen wählen. Jedem von uns fallen zu jeder Kategorie bestimmt sofort Beispiele aus dem eigenen Leben ein. Nachdem wir die unendlich vielfältige Welt an Persönlichkeitsmerkmalen in drei einfach handhabbare Kategorien geteilt haben (siehe Kapitel 16), können wir nun überlegen, warum mehr (Wert, Innovation, Kundenzufriedenheit etc.) rauskommt, wenn Geber zusammentreffen? Ohne jetzt romantische Floskeln á la „1+1 ist mehr als 2" rauszuhauen, liegt hierhinter eine ganz logische Begründung: Die

Energie, die bei einem Nehmer oder einem Tauscher dafür verwendet wird, bloß nicht mehr zu geben, als man bekommt, könnte produktiv genutzt werden. Bei Nehmern und Tauschern läuft quasi permanent eine Art innere Buchhaltung ab. Auf der einen Seite der Bilanz steht, wie viel sie ins System reingegeben haben, auf der anderen, was sie herausbekommen haben. Diese mentale Buchhaltung nimmt Raum ein; Raum, der für wertstiftende Zusammenarbeit genutzt werden könnte.

Mein erstes Buch habe ich mit meinem Co-Autor Tristan geschrieben - es war eine Wohltat. Warum? Weil wir voll auf das Schreiben konzentriert waren. Keiner von uns hat auch nur im Ansatz überlegt, ob der andere vielleicht etwas weniger in das Buch-Projekt investiert. Wir haben einfach gemacht: mal der eine, mal der andere, mal gemeinsam. Bis heute könnte ich nicht genau sagen, wer welche Zeilen verfasst hat. Anstatt zu überlegen, wer für das Cover-Design zuständig ist oder wer den Text formatiert, haben wir beide gegeben und zwar gerne und viel. Die Einnahmen aus dem Buch teilen wir einfach durch zwei. Kein Aufrechnen von investierten Stunden, keine mentale Buchhaltung, dafür aber ein publiziertes Buch.

Wenn ein Geber einen anderen Geber findet, können grandiose neue Dinge entstehen (man könnte fast meinen, ich meine unser Buch …).

Menschen, die Hoheitswissen aufbauen, gehören wohl zum Kooperationstyp Nehmer. Immer nur zu nehmen, führt langfristig zu keinen guten Beziehungen. Genau diese braucht es aber, um in einer sich verändernden Umwelt informiert und wettbewerbsfähig zu bleiben.

Ein weiterer Grund also, warum Hoheitswissen als Karrierestrategie nicht zukunftsfähig ist, ist die Tatsache, dass hierbei einfach nicht so viel rauskommt wie beim Kooperieren. Zusammengefasst liegen hierhinter zwei Gründe:

1. Es wird Energie dafür verwendet, das eigene Wissen zu schützen und nicht mehr in ein System zu geben, als man herausbekommt. Diese Energie könnte zum produktiven Schaffen von Neuem verwendet werden.

2. Nehmer werden von sozialen Systemen relativ schnell erkannt und aussortiert, was dazu führt, dass sie langfristig von aktuellen Entwicklungen ausgeschlossen werden und somit ihren Hoheitsstatus verlieren.

Also: Mut zum Teilen! Herrschaftswissen hast du nicht nötig!

ESSENZ: Transparenz ist die Karrierestrategie der Zukunft. Offenheit über das, was wir wissen und das, was wir nicht wissen, ist Voraussetzung für unseren Erfolg. Der Umgang mit diesem Wissen wird dann entscheiden, ob wir wirklich erfolgreich sind. Herrschaftswissen hat lange Jahre für beruflichen Erfolg ausgereicht; Wissensteilung ist die Zukunft.

An welcher Stelle in deinem Leben hortest du Wissen? Was könnte entstehen, wenn du es stattdessen teilst?

26

SAG ES MIR IN 3 SÄTZEN

Kennst du das angenehme Gefühl, wenn dir jemand mit überraschender Klarheit sagen kann, mit was er sich gerade beschäftigt?

"An welchem Projekt arbeitest du gerade?" Eine Frage, auf die ich sicherlich selbst des öfteren nichts als nebulöse Antworten gebe. In Gesprächen stelle ich oft fest, dass das übergeordnete Ergebnis eines Projekts selbst an dessen Ende von meinem Gegenüber nicht auf den Punkt gebracht werden kann. Über Details erzählen wir gerne, aber die Hauptrichtung, in die unsere Aktivitäten laufen, ist für viele von uns schwierig festzumachen. Mich selbst beschäftigt es im Nachhinein sehr, wenn ich nicht in der Lage war, meine Themen auf den Punkt zu bringen - rüberzubringen, mit was ich mich gerade befasse, ohne in verwirrende Details abzutauchen.

Daher mein Appell: Sag' es in 3 Sätzen!

Klingt bis hierhin noch zu abstrakt? Hier ein Beispiel:
Jede Doktorarbeit kann in drei Sätzen zusammengefasst werden. Wenige Promovierte sind hierzu jedoch in der Lage. Selbstverständlich vernachlässigt man hierbei viele wichtige Details. Darum geht es aber in einer solchen Zusammenfassung nicht. Worum ging es in deiner Forschung und was sind die Haupterkenntnisse? Das sind die Fragen, die eigentlich gestellt sind, wenn wir fragen, mit was sich jemand in seiner Doktorarbeit beschäftigt hat. Es ist erstaunlich, wie selten man prägnante Antworten bekommt.

Selbes gilt natürlich für die Frage nach anderen Tätigkeiten auf der Arbeit oder der Frage, was einen gerade privat so umtreibt.
Hat mein Gegenüber noch ein Ziel vor Augen oder sich in Details verloren? Hat dein Gesprächspartner wirklich verstanden, um was es bei seinen Projekten geht? Wenn Menschen ihr aktuelles Projekt nicht in drei Sätzen zusammenfassen können, habe ich das Gefühl von Richtungsverlust bei meinem Gegenüber.

Meine These ist, dass wir oft einfach auf verschiedenen Flughöhen unterwegs sind. Stell dir vor, du fliegst einen Helikopter von Frankfurt am Main nach Köln. Wenn dich jemand fragt, wohin du gerade fliegst, hängt deine Antwort natürlich stark von deiner Flughöhe ab. Bist du 3500 Meter über dem Boden und kannst die schönste Stadt der Welt schon in der Ferne sehen, wirst du klar sagen können, wohin die gesamte Reise geht. Dein Überblick ist dafür ausreichend. Fliegst du hingegen 3 Meter über dem Grund, wird deine Antwort eher sein, dass du zum Beispiel gerade über den Main fliegst.

Gedanklich fliegen wir meistens sehr knapp über dem Boden, weil wir mit den Details in unseren Projekten beschäftigt sind. Gefragt werden wir jedoch oft eher auf 3500 Metern Höhe. Die Kunst ist also, die Flughöhe flexibel anpassen zu können. Ich nenne das gerne "Flughöhen-Pingpong". Pingpong, weil es in einer Diskussion oft zu einem Hin und Her zwischen verschiedenen Flughöhen kommt. Sich darauf als Pilot einzulassen ist die Aufgabenstellung.

Falls du dir jetzt denkst, dass man manche Themen nicht in 3 Sätzen zusammenfassen kann, dann hast du recht … wenn du an ein Thema in voller Detailtiefe denkst. Die Frage danach, an was du gerade arbeitest, heißt eigentlich "Wohin geht die Reise?"; nicht "Auf welcher Straße fährst du gerade?".

Im Grunde geht es also darum, eine ganz einfache Antwort zu geben. Doch diese Einfachheit erfordert Klarheit - wenn es kompliziert klingt, hat der Erklärende es nicht wirklich verstanden. Diese prägnante Klarheit über die eigenen Themen zu erlangen ist nicht leicht, denn der Komfort steht der Klarheit hier im Weg.

Es ist einfacher, in epischer Breite über etwas zu sprechen, als eine Thematik auf die Essenz herunterzubrechen. Ein Nebeneffekt hiervon: Es schützt denjenigen, der selber keine absolute Klarheit hat vor Rückfragen. Das liegt auch daran, dass wir glaubwürdiger wirken, wenn wir unsere Aussagen ausdehnen und mit unnötigen Fachbegriffen anreichern.[24] Ansonsten würde bei unserem Gegenüber eine Abwehrreaktion durch die "Amygdala ausgelöst, die in Synchronisierung mit dem limbischen System, der Insula und dem anterioren cingulären Cortex ein solches aversives Verhalten im präfrontalen Cortex triggert."[25] Oder einfacher und ohne unnötige Fachbegriffe gesagt: Im Gehirn wird Unsicherheit und Angst ausgelöst, weshalb der Gesprächspartner Rückfragen stellt. Erklären wir etwas ausschweifend und kompliziert, reduziert diese vermeintliche Substanz eine mögliche Abwehrhaltung und somit Nachfragen vom Gegenüber. Das Gesagte wirkt auf unser Hirn wissenschaftlich und muss daher nicht hinterfragt werden. Willst du also verhindern, dass du und dein Gegenüber Klarheit in Bezug auf deine aktuellen Projekte haben, dann antworte möglichst kompliziert und mit unnötigen Details. Kluge Köpfe wissen allerdings: Nur weil etwas kompliziert wirkt, muss es nicht gut sein. Nur weil man etwas nicht versteht, muss es nicht fundiert oder bedeutungsvoll sein.

Lass uns den Heli hochziehen und versuchen, unseren Themen Klarheit zu geben. Klarheit durch scharfes Umreißen von dem, was unsere Detailarbeit motiviert. Für detaillierte Diskussionen können wir immer noch in den Sinkflug gehen.

ESSENZ: Unsere Themen im richtigen Detailgrad erklären zu können ist eine wichtige Fähigkeit. Klarheit in Bezug auf unsere Projekte entsteht dadurch, dass wir uns die Mühe machen, sie prägnant in drei Sätzen zu beschreiben.

Wie klar bist du dir über die Ziele und Ergebnisse in deinen Projekten? Weißt du, wohin die Reise geht, oder bist du mit dem Straßenbelag an der ersten Kreuzung beschäftigt?

27

KARRIEREWECHSEL OHNE ESKALATION?

Warum ist ein Karrierewechsel ohne Eskalation sozial gefühlt nicht anerkannt?

Wenn ein 48-jähriger CEO und Top-Manager plötzlich alles verkauft, kündigt und ein einfaches Leben auf einer Alm führt, wird das als eine Art Helden-Story verkauft. Die mediale Berichterstattung beim Karrierewechsel bekannter Manager fokussiert sich dann oft auf die Kontraste zwischen altem, "steilen" Karrierepfad und neuem "einfachen" Leben. Je größer der Kontrast, desto interessanter die Story. Dieser Kontrast wird von außen gerne als Fallhöhe - als sozialer Fall - wahrgenommen; ein Instrument, welches in der Dramaturgie schon immer gerne genutzt wird, um Geschichten interessanter zu machen.

Erkennt ein young professional, dass ein gewisser Karriereweg nicht der richtige ist, reagiert das Umfeld (Kollegen, Freunde, Familie und auch zukünftige Arbeitgeber) irritiert. Gleiches gilt für Personen, die vielleicht noch nicht im C-Level (höchste Führungsebene in Unternehmen; Chief-irgendwas-Officer) angekommen sind. Realisiert jemand auf dem Weg schon, dass das angestrebte Ziel doch nicht so erstrebenswert ist, wie ursprünglich gedacht, wird ein Adjustieren des Karriereweges oft als Aufgabe oder Scheitern gedeutet.

An diesem Punkt stellen sich 2 Fragen:

1. Ist ein Karrierewechsel wirklich der Weg des sozialen Falls?
2. Muss es erst eskalieren, bevor eine Richtungsänderung akzeptabel ist?

Antwort zu 1.:

Es kommt auf das Umfeld an. In Kreisen mit antiquierten Weltanschauungen ist eine sichere Karriere in einem großen Unternehmen, die mit langer und strapaziöser Arbeit sowie Entbehrungen verbunden ist, immer noch das Statussymbol schlechthin (jeder handelt aus seiner besten Option, daher ist hier nichts gegen die Menschen mit diesen Denkmustern zu sagen). In anderen Umfeldern sind Ziele wie Zeit, Unabhängigkeit und Gesundheit wichtiger (das gilt nicht nur für Generation Y und Z, aber das soll hier nicht Thema sein). Eine Änderung des Karrierewegs bedeutet also nicht zwingend den sozialen Fall - diese Beurteilung hängt stattdessen schlichtweg stark von den eigenen Denkmustern und denen des (wertenden) Umfeldes ab. Auch wenn man sich auf einem von außen betrachtet sehr guten Weg befand, kommt es schlicht darauf an, wessen Meinung wir zulassen. In einer freien Gesellschaft können wir unser Umfeld ja zum Glück frei wählen.

Antwort zu 2.:

Ein neuer Karriereweg scheint für viele nur nachvollziehbar, wenn es in irgendeiner Art zur Eskalation kam. Viele tragen ein Burn-out wie eine Trophäe vor sich her. Vor dem Hintergrund, dass in meinem eigenen Umfeld erschreckend viele nun berentete Männer Herzinfarkte im Zusammenhang mit jahrzehntelangem Fokus auf eine bestimmte Karriere in Kauf genommen haben, schlage ich eine andere Sicht auf die Dinge vor!

In der Luftfahrt werden Flugschreiber (engl.: Black Boxes) dafür genutzt, durch Aufzeichnung von Daten aus Fehlern und Unglücken zu lernen. Keine andere Branche wertet Fehler und Unglücke so intensiv und strukturiert aus. Hiervon können wir etwas lernen. Es gibt unzählige Aufzeichnungen von "Unglücken" im Zusammenhang mit festgefahrenen Karrierewegen. Aufzeichnungen in Form von Biografien, Sachbüchern, Zeitungsartikeln, Dokumentationen oder auch mündlichen Überlieferungen. Unglücke sind vor diesem Hintergrund Burn-outs, Herzinfarkte, Depressionen, kaputte Familien - you name it.

Aufzeichnungen über diese Unglücke werden aber nicht so konstruktiv genutzt wie in der Luftfahrt. Im Gegenteil: Es scheint, als ob nur derjenige, dessen Karriereflugzeug irgendwann eine Turbine, eine Tragfläche oder das Fahrwerk verliert, Anerkennung und Recht dazu hat, seine Karrieren in eine andere Richtung zu lenken. Überspitzt gesagt: Erst wenn ich CEO eines Konzerns war und einen arbeitsbedingten, lebensbedrohlichen Herzinfarkt hatte, ist es für unsere Gesellschaft nachvollziehbar, dass ich diesen Weg nicht weiter gehe. Muss ich wirklich CEO gewesen sein und/oder meinen Körper komplett gegen die Wand fahren, um neue Wege zu gehen? Ich denke nicht. Lasst uns die Flugschreiber unserer Vorgänger nutzen. Lasst uns aus den Fehlern alter, weiser Flugzeuge lernen!

Wenn Flugzeugbauer trotz eindeutiger Flugschreiberdaten immer wieder undichte Leitungen verbauen würden, würden wir alle an ihrer geistigen Zurechnungsfähigkeit zweifeln. Es muss also nicht zur Eskalation kommen, bevor ein Karrierewechsel akzeptabel ist. Jemand, der sein Zielsystem und seine Fähigkeiten kennt und aus den Black Boxes seiner Vorgänger lernt, macht immer etwas richtig. Wir feiern ja auch nicht die Flugzeugtypen, die ständig vom Himmel fallen, sondern solche, die zuverlässig in der Luft bleiben. Zuverlässig, weil sie durch die Unglücke ihrer Vorgänger optimiert unterwegs sind.

ESSENZ: Ein Karrierewechsel bedeutet nicht den sozialen Abstieg. Er ist ein Indikator, ob dein soziales Umfeld in deinen Zieldimensionen denkt. Es muss nicht erst zur Eskalation (in Form von hoher hierarchischer Stellung, und/oder körperlichen und seelischen Ausfallerscheinungen) kommen, um neue Wege einzuschlagen. Wenn wir einen neuen Blickwinkel einnehmen, sind diejenigen effektiver unterwegs, die den Karren nicht erst an die Wand fahren, um zu merken, dass etwas nicht richtig läuft.

Auf welche Eskalation wartest du, um den nächsten Karriereschritt zu wagen?

PROBLEME LÖSEN

28

WAS IST URSACHE UND WAS WIRKUNG?

"Ich kann keinen Sport machen, weil ich einen Hüftschaden habe" -
sagt die schon immer stark übergewichtige Tante...

Jedem in der Familie ist sofort klar, dass die Wirkungskette in den
meisten Fällen genau andersherum ist: Zu wenig Sport und ein unge-
sunder Lebensstil haben zu Übergewicht geführt, was wiederum in
Kombination langfristig zu einem Hüftschaden geführt hat.

Bei den meisten Krankheitsdiagnosen frage ich mich immer, ob sie
die tatsächliche Ursache beschreiben oder eigentlich auch Auswirkungen sind. Die Diagnose „Sie haben chronische Migräne" ist für mich
eine Symptom- also Auswirkungsbeschreibung von etwas anderem wie
z. B. verspannte Nackenmuskulatur, Reizüberflutung oder etwas völlig
anderem. Bei der Diagnose „Diabetes Typ II" wird es für mich immer
sehr deutlich. Die meisten Betroffenen können diese Symptomdia-
gnose über sich selber erzählen, die wenigsten sind tatsächlich in die
Ursachensuche gegangen. Bei Krankheiten wird für mich die Wichtigkeit der Identifikation des eigentlichen Auslösers besonders klar - und
daher bediene ich mich diesen streitbaren Beispielen. Wollen wir uns
weiterentwickeln und unsere Herausforderungen lösen, dann dürfen
wir uns dem Ausgangspunkt bewusst werden. Das Finden der eigentlichen Quellen unserer Probleme ist deshalb nicht weit verbreitet, weil es
uns dazu zwingt, genau hinzuschauen und das kann unangenehm sein.
Es ist leichter zu sagen, dass man Lungenprobleme hat, weil man älter
und Opfer des Zufalls ist, anstatt sich einzugestehen, dass das jahrelange
Rauchen, der wenige Sport und die entzündungsfördernde Ernährung
die eigene Wahl waren.

Was uns bei anderen Menschen direkt klar ist, fällt uns bei uns selbst
oft schwer: Das Übel wird nicht an der Wurzel gepackt, weil das Lösen
des eigentlichen Problems zu lästig oder anstrengend wäre. Ein häufiges
Vermeidungsmuster ist also das Umdrehen von Ursache und Wirkung.
Wir behandeln dann lediglich das Symptom und kommen zu keiner
echten Lösung.

Kausalität ist leider in den meisten Fällen unsichtbar. Dennoch gibt es Wirkungszusammenhänge, von denen wir ausgehen können. Ich ertappe mich auch bei Klarheit der eigentlichen Wirkungskette regelmäßig dabei, dass ich Ursache und Wirkung miteinander verwechsele - so, wie es meinem Ego gerade am besten passt.

Ein Beispiel aus dem geschäftlichen Kontext: "Wir können die IT im Unternehmen nicht auf den neuesten Stand bringen, weil wir kein Geld haben", sagt der CIO. War es nicht genau umgekehrt? Weil man die IT nicht auf den neuesten Stand gebracht hat, sinkt die Wettbewerbsfähigkeit, woraufhin die Umsätze zurückgehen.

Wie kommt es, dass Symptome häufiger bekämpft werden als Ursachen? Ein Grund ist, dass Symptombekämpfung meist spektakulärer und heldenhafter wirkt. Hierzu eine kurze Geschichte:

Zwei Freunde gehen an einem Fluss spazieren, als sie Kinderschreie hören. Ein Kind kämpft im Fluss gegen das Ertrinken. Die beiden Freunde springen ins Wasser, um das Kind zu retten. Als sie es gerade an Land gebracht haben, hören sie die nächsten Kinderschreie. Dieses Mal kämpfen gleich drei Kinder mit dem Tod. Wieder retten sie die Kinder und wieder hören sie kurz darauf die nächsten Schreie. Das passiert eine Weile und immer wieder werden ertrinkende Kinder den Fluss hinunter getrieben. Plötzlich entfernt sich einer der beiden Freunde und rennt davon. Als er wiederkommt, fragt der andere aufgebracht: "Warum hast du mich alleine gelassen, es hätten noch mehr Kinder kommen können?". Daraufhin antwortet der andere "Ich bin Flussaufwärts gegangen um zu schauen, warum die Kinder in den Fluss fallen."

Wer ist in dieser Geschichte der Held? Beide, als sie in reißende Fluten gesprungen sind? Was ist mit dem einen der beiden Freunde, der flussaufwärts gegangen ist? Er hat die Ursache des Problems gefunden. Vielleicht hat er einfach nur eine offene Gartentür eines Kindergartens geschlossen. Im Vergleich unspektakulär, jedoch mit viel größerer Auswirkung.

Wir mögen Heldengeschichten. Wir mögen die, die den Tag retten. Wir mögen Macher: Notärzte, Rettungsschwimmer oder Feuerwehrmänner, die sich in ein brennendes Haus wagen. Und machen wir uns nichts vor: diese Menschen in der Gesellschaft zu haben, ist von unschätzbarem Wert. Doch was ist mit denen, die dafür sorgen, dass die Dinge gar nicht erst passieren? Die Menschen, die - im Stillen - verhindern, dass Brände in Häusern überhaupt erst zustande kommen?

Die Ursache von etwas zu finden und Risiken vor dem Eintreten zu hindern, ist stetige Arbeit und oft unsexy. Die echte Lösung von Problemen sieht oft ganz anders aus als die Bekämpfung von Symptomen. Symptombekämpfung ist oft laut, spaktaktlär und von einzelnen Helden geprägt (Held kann Feuerwehrfrau, aber auch Kopfschmerztablette sein). Ursachenauflösung ist oft ruhig, konzentriert, unspektakulär und stetig.

Für unser eigenes Leben ist genau diese Vorgehensweise entscheidend. Nehmen wir zum Beispiel Zahnschmerzen: Haben wir eine entzündete Wurzel, gehen wir zum Zahnarzt, der nach erfolgreicher Behandlung als Retter gefeiert wird. Die eigentliche Lösung für ein angenehmes Leben ist jedoch stetiges Zähneputzen - regelmäßige, langweilige Zahnhygiene. Kurz: Risikominimierung. Prävention. Ursachenbekämpfung ist meist keine eindrucksvolle Hauruckaktion. Du kannst dir nicht einmal für 5 Stunden die Zähne putzen und damit die letzten Wochen nachholen. Wenn du einmal für 8 Stunden im Fitnessstudio trainierst, wie stark wird das Ergebnis an deinem Körper aussehen? Du wirst nichts sehen. Über Jahre aber konstant immer wieder kleinere Einheiten bringen sichtbare Ergebnisse.

Wir sind gewohnt, Feuer zu löschen - immer wieder Kinder aus dem Fluss zu retten. Während wir das tun, fühlt es sich an, als würden wir unsere Probleme lösen. Oft fragen wir uns nicht, warum sich immer neue Feuer entzünden, weil wir uns daran gewöhnt haben und beschäftigt damit sind sie zu löschen. Treten Themen immer wieder auf, ist das ein Zeichen dafür, dass wir mit den Symptomen beschäftigt sind und den Auslöser nicht angehen. Die Probleme werden immer wieder in unser Leben gespült, bis wir uns endlich mit der Ursache befassen.

Klarheit über Ursache und Wirkung - schon in der Sprache - kann uns helfen, tatsächlich weiterzukommen. Darum trau' dich die Ursachen deiner Probleme zu benennen! Das hilft, sie anzugehen - die Ursache und nicht das Symptom zu bekämpfen. Eine Kopfschmerztablette gegen chronische Kopfschmerzen hilft nur selten dabei, die Schmerzen nicht mehr zu bekommen.

 Wenn wir den Ursache-Wirkungs-Zusammenhang unserer Probleme trennscharf sehen, können wir schneller an unsere Ziele gelangen - im Privaten und auch geschäftlich. Lernen wir es Fehlschlüsse zu vermeiden, so sehen wir die Realität etwas klarer. Ursachenbekämpfung ist unspektakuläre, oft stetige Arbeit, die Konzentration erfordert und unangenehmer sein mag, als sich nur mit den Symptomen zu befassen. Doch genau hierin liegt der Schlüssel zur Weiterentwicklung.

Bei welcher deiner Herausforderungen würdest du davon profitieren, die Ursache statt der Wirkung zu betrachten?

29

ES SIND DIE DINGE, DIE WIR EIGENTLICH WISSEN, ABER NICHT WAHRHABEN WOLLEN

Manche Ideen bringen totale Veränderung in unser Leben und andere vergessen wir nach wenigen Tagen wieder. Bei der Frage, welche Art von Erkenntnissen uns im Leben wirklich weiterbringen, bin ich auf eine interessante Perspektive gestoßen:

Was uns wirklich weiterbringt, ist häufig nicht neues Wissen, sondern es sind die Dinge, die wir eigentlich schon lange wissen, aber nicht wahrhaben wollen.

Vielleicht kennst du das Gefühl: Du bist in einer Beziehung, spürst, dass es eigentlich schon vorbei ist, willst es aber nicht wahrhaben. Ein weiteres, plakatives Beispiel wäre unser Fleischkonsum. Eigentlich wissen wir genau, wie Massentierhaltung, Mastställe und Schlachthöfe aussehen. Wir wissen unterbewusst auch, dass wir mit diesem Wissen wahrscheinlich etwas an unserem Konsumverhalten ändern müssten - das ist aber unbequem und deshalb verdrängen wir es.

Über folgende These lohnt es sich daher nachzudenken: Je weitreichender die Konsequenzen von etwas sind, von dem wir eigentlich Bescheid wissen, umso eher neigen wir dazu, es zu verdrängen oder nicht wahrhaben zu wollen.

Der Job, von dem du weißt, dass du ihn nicht mehr machen möchtest; der Bekanntenkreis, mit dem du innerlich schon abgeschlossen hast; das negative Verhaltensmuster, in das du immer wieder zurückfällst - alles Dinge, von denen du innerlich sehr genau weißt, dass du sie angehen darfst, es aber nicht tust. Eine gewisse Ehrlichkeit und Härte zu sich selbst kann sehr hilfreich sein, um genau solche Themen anzupacken.

Es gibt Träume und Vorhaben, für die wir schlichtweg nicht geeignet sind. Es ist jedoch schwierig, sich das einzugestehen, während man gerade mittendrin steckt. Zu abstrakt? Hier ein autobiografisches Beispiel: Das elfte Schuljahr habe ich in Kalifornien verbracht und habe entschieden, Teil des American-Football-Teams zu werden. Hier habe ich mit voller Hingabe, viel Schweiß, Blut und Tränen eine volle Saison High-School-Football als Cornerback gespielt. Natürlich wäre es toll gewesen, als absolutes Talent zu brillieren und der Footballstar der Kleinstadt zu werden, aber innerlich habe ich gewusst, dass es nicht wirklich mein Ding war. Das wollte ich währenddessen bloß nicht wahrhaben. Trotzdem war es so. Ein herausragend guter Footballer wird nicht mehr aus mir werden. Diese Erkenntnis habe ich irgendwann zugelassen. Sie tat vielleicht etwas weh, hat mich aber davor bewahrt, mehr Energie in dieses Unterfangen zu investieren.

Außenstehenden fällt es zeitweise leichter, zu erkennen, wo wir verblendet unterwegs sind. Castingshows wie Deutschland sucht den Superstar leben genau hiervon. Sicherlich hast du schon mal eine solche Sendung gesehen und dich bei dem ein oder der anderen Kandidatin gefragt, warum sich niemand erbarmt hat, ihnen zu sagen, dass sie einfach nicht singen können. Bei manchen Themen ist es von außen offensichtlich; bei anderen Themen können nur wir selbst erkennen, ob sie uns liegen.

Sich die eigenen Baustellen, von denen wir eigentlich wissen, auch einzugestehen, hat etwas mit Ehrlichkeit zu sich selbst zu tun und das wiederum bedeutet in der Konsequenz auch eine gewisse Härte. Dinge, die wir schon lange wahrnehmen, aber nicht wahrhaben wollen, können für uns sehr unangenehm sein, sonst hätten wir sie ja bereits gelöst. Sie sind genau deshalb oft die größten Hebel in unserem Leben. In beruflichen und privaten Projekten sind es vor allem die Themen, von denen wir im Grunde genau wissen, dass wir sie angehen müssten, es uns aber nicht trauen. Ähnlich wie bei einem kleinen Kind, das sich die Augen zuhält, wenn es Angst vor etwas hat, löst sich das Problem nicht, nur weil wir die Augen unbewusst davor verschließen.

Als Meister der Verdrängung kann es etwas dauern, bis uns die Dinge kommen, die wir eigentlich schon sehr genau wissen. Abends vor dem zu Bett gehen, können wir uns die folgende Frage stellen: Was ist eine Sache, von der ich eigentlich genau weiß, sie aber nicht wahrhaben will? Oder anders formuliert: Was ist etwas, von dem ich weiß, dass ich ändern sollte, es aber bisher nicht tue?

Obwohl es sich nicht gut anfühlt, mich mit einem Thema zu beschäftigen und ich das Wissen intuitiv vergraben habe, macht es trotzdem Sinn, es anzugehen. Wichtige, aber unbearbeitete Themen sind wie Drachen in einer Höhle. Anfangs ist der Drache jung, unschuldig, klein und kann noch keiner Fliege etwas zuleide tun. Je mehr Zeit vergeht, desto größer wächst der Drache. Irgendwann ist er ein riesiges Monster, das unkontrolliert aus der Höhle ausbricht und feuerspuckend alles zerstört. Klingt überzeichnet? Übertreibung dient hier der Verdeutlichung.

ESSENZ: Was uns wirklich weiterbringt, ist häufig nicht neues Wissen, sondern es sind die Dinge, die wir eigentlich schon lange wissen, aber nicht wahrhaben wollen. Ehrlichkeit und eine gewisse Härte zu uns selbst können vor diesem Hintergrund der größte Entwicklungshebel sein.

Was ist etwas, von dem du weißt, dass du es ändern solltest, es aber bisher verdrängst? Oder, falls die Antwort zu tief begraben liegt, was denkst du, würden andere für dich antworten?

30

ZIELE IM BLICK BEHALTEN

Beim Verwirklichen unserer Ziele haben wir manchmal das Gefühl, unsere Lebensumstände stünden uns dabei im Weg.

Ich habe das ganz konkret festgestellt, als ich überlegt habe, warum ich eigentlich keinen Hund habe, obwohl ich ein Leben mit Tieren liebe. Mir fielen dann 1975249 Gründe ein, die dagegen sprechen: Ein Leben in der Großstadt, wie ich es damals geführt habe, wird einem Hund nicht gerecht; ich habe zu wenig Zeit für einen Hund; ein Hund braucht einen Garten … usw. Ich habe dann realisiert, dass alle diese Gründe Lebensumstände sind, die ich ändern könnte, wenn ich es wirklich wollte.

Unsere Ziele werden oft deshalb zu Variablen, weil wir unsere Umstände, die wir selbst ändern könnten, als gegeben ansehen. Doch sollte es nicht genau umgekehrt sein?
Deine Wohnung; dein Haus; dein Job; dein Partner; dein körperlicher Zustand; deine Einstellung zum Leben; Deine Ängste - sind das wirklich die Fixpunkte? Oder nicht doch viel eher änderbare Parameter?

Wenn mir ein Hund als Haustier wirklich wichtig wäre, weil es mich meinem Ziel eines erfüllten Lebens näher bringt, dann darf ich meine Lebensumstände so lange darauf ausrichten, bis ein Hund in mein Leben passt. Tue ich das nicht, dann sind nicht meine Lebensumstände schuld - denn sie sind ja änderbar - sondern dann ist mir das Ziel viel eher nicht wichtig genug.

Ich finde, dass dieser Blickwinkel einem mehr Klarheit über die eigenen Prioritäten gibt. ”Was bin ich bereit zu ändern?” gibt mir auf angenehme Weise mehr Eigenverantwortung für mein Leben, als “Ich kann nicht…, weil die Umstände es nicht zulassen”
Sollte das jetzt banal für dich klingen, dann bist du schon einen entscheidenden Schritt weiter - Gratuliere! Für mich ist die Frage danach, was wirklich fix ist, ein echter Paradigmenwechsel. Um dafür zu sorgen, dass wir unsere Ziele dann auch wirklich verfolgen, gibt es drei pragmatische, zusammenhängende Taktiken:

1. Wähle große Ziele

Wenn unsere Ziele groß genug sind, fällt es uns leichter, auf diese hinzuarbeiten. Das mag sich zunächst nach einem Widerspruch anhören. Stell dir vor, du willst die Spitze eines Berges erklimmen und wählst einen kleinen Berg aus, damit es etwas einfacher ist. Auf dem Weg werden dir bildlich gesprochen schon kleine Hindernisse den Blick auf das Gipfelkreuz versperren, sodass das Gefühl der Machbarkeit leichter verloren geht. Wählst du einen sehr hohen Berg, kannst du das Gipfelkreuz permanent im Auge behalten, auch wenn sich große Hindernisse in den Weg stellen. Sind unsere Ziele groß genug gewählt, können wir viel leichter über kleine Hindernisse hinwegschauen.

2. Lasse dich nicht vom Aufdringlichen ablenken

Was ist mit Ablenkung? Magst du dich fragen. Was ist, wenn etwas meine Aufmerksamkeit beeinflusst, obwohl ich versuche, mich bewusst auf mein Ziel zu konzentrieren?
Stell dir vor, du hältst einen Knochen in der Hand. Einige Meter vor dir liegt ein Hund. Wie wird der Hund reagieren, wenn du den Knochen hin- und herwedelst und ihn dann wirfst? Der Hund wird dem Knochen freudig hinterherrennen. Stell dir jetzt die gleiche Situation vor. Du hältst einen Knochen in der Hand, wedelst ihn hin- und her und schmeißt ihn dann in die Ferne. Der Unterschied ist, dass dieses Mal kein Hund vor dir liegt, sondern ein ausgewachsener Löwe. Wie wird der Löwe reagieren? Er wird nicht den Knochen anschauen, sondern unbeeindruckt direkt in deine Augen blicken. Er wird dem Knochen nicht hinterherrennen, sondern in deine Augen stieren, da er weiß, dass du die üppigere Mahlzeit bist. Wir können uns diese Art Fokus von Löwen abschauen. Ein Löwe lässt sich nicht von Kleinigkeiten ablenken, sondern behält das große Ganze im Blick. Die Dinge direkt vor unserer Nase wirken oft größer und verlockender, als sie tatsächlich sind. Der Fokus darf weg von dem Lauten, Glitzernden, Aufdringlichen in unserem direkten Blickfeld

und hin zum wirklich Relevanten. Übe dich darin, wie ein Löwe, deine wichtigen großen Ziele im Blick zu behalten.

3. Lass dich nicht vom Leichten ablenken

Neben den Ablenkungen, die unsere Aufmerksamkeit auf sich ziehen, kann uns auch etwas anderes auf dem Weg zur Zielerreichung zum Verhängnis werden: Unsere Bequemlichkeit. Robert Brault formuliert es im Englischen wie folgt: "We are kept from our goal not by obstacles but by a clear path to a lesser goal." Die These hier ist, dass wir gar nicht von Hindernissen von unseren Zielen abgehalten werden, sondern vielmehr dadurch, dass es einen klareren Weg zu kleineren Zielen gibt. Besondere Ziele verlangen nach besonderen, vorher vielleicht noch nie gegangenen Lösungswegen, die unsicherer und schwerer sind als ausgetretene Pfade. Unsicherheit und Widerstand stehen bei unserem Gehirn auf der Beliebtheitsskala direkt zwischen Steuererklärung und Brechdurchfall. Wir sind also eher zu klaren, bekannten Wegen hingezogen. Wenn wir uns diesem Impuls bewusst werden, können wir der Versuchung widerstehen, unsere eigenen großen Ziele gegen kleinere auszutauschen, nur weil der Weg hierhin klarer ist.

ESSENZ: Deine Ziele dürfen der Fixstern sein. Lebensumstände sind die Variablen, die wir auf die wirklich wichtigen Ziele ausrichten dürfen. Sind deine Ziele groß genug, wirst du leichter über Hindernisse hinwegkommen als bei kleineren Zielen. Übe dich darin, deine wichtigen Ziele im Blick zu behalten und dich nicht von den aufdringlichen oder einfacher zu erreichenden Dingen ablenken zu lassen.

Wo verfolgst du Ziele, nur weil sie einfacher zu erreichen sind als die, die du dir eigentlich gesteckt hast?

31

IST DAS RELEVANT ODER KANN DAS WEG?

Relevante von irrelevanten Informationen zu unterscheiden ist eine der entscheidenden Fähigkeiten im 21. Jahrhundert. Jeder von uns wird täglich mit immer mehr Informationen konfrontiert - über Kanäle, von denen unsere Großeltern nicht einmal geträumt haben. In unserer Welt von scheinbar unbegrenzten Informationen entwickelt man sich nicht weiter, indem man mehr weiß oder tut.

Wichtigster Entwicklungstreiber ist die Fähigkeit, die wenigen relevanten Impulse zu erkennen und sich hierauf zu fokussieren. Das erfordert Konzentration und rigoroses Aussortieren der meisten Nachrichten, mit denen wir konfrontiert werden.

Hierzu wählen wir am besten bewusst die Kanäle aus, die für uns wesentliche Neuigkeiten transportieren. Wir dürfen die Informationsflut ganz bewusst beschränken - eine Informationsdiät machen, um Klarheit zu behalten. Jeder Kanal, der keine für uns relevanten Informationen bietet, wird am besten einfach nicht mehr konsumiert. Lösche den Social Media Account, lass den Fernseher aus, melde dich vom Podcast-Abo und dem Newsletter ab, kündige das Zeitungsabo. Schalte die Benachrichtigungen auf deinem Handy aus, vermeide die rot-leuchtenden Signale über ungelesene Nachrichten und die entsprechenden Alarmtöne - die Algorithmen der Apps auf deinem Handy sollten nicht darüber entscheiden, wann der für dich richtige Zeitpunkt ist, Textnachrichten oder andere Neuigkeiten zu konsumieren.

Reserviere deine Aufmerksamkeits-Kapazitäten für die wirklich bedeutenden Dinge und dein Leben wird intensiver. Werden wir permanent agitiert, stumpfen wir ab und können im Zweifel nicht mehr angemessen reagieren, wenn es darauf ankommt. In ruhigen Zeiten dürfen wir die Ruhe einfach genießen. Künstlich mit Aufregung konfrontiert zu sein (ob privat oder geschäftlich), bindet unsere Aufmerksamkeit unnötigerweise. In Zeiten echter Aufregung könnten wir die Energie wieder gut gebrauchen.

Könnte es sein, dass du auf dem Weg der von mir vorgeschlagenen

Informationsdiät wichtige Informationen verpasst? Betrachten wir es einmal so: Wenn auf den Titelseiten unserer Zeitungen steht "Der 2. Weltkrieg ist ausgebrochen", kann nicht eine Woche später an selber Stelle über die Mückenplage am Ammersee berichtet werden - beides in Schriftgröße 87.

Wie ist das möglich? Ich bezweifle stark, dass Journalisten sich aus Faulheit keine Gedanken darüber machen, ob die veröffentlichten Informationen wirklich das Papier wert sind, auf dem sie gedruckt werden. Vielmehr steckt dahinter eine klassische Dilemma-Situation, derer wir uns unbedingt bewusst werden dürfen., Journalisten und Nachrichtenstationen werden dafür bezahlt, jeden Tag (oder in anderem Zyklus) etwas zu veröffentlichen. Gibt es nichts Relevantes zu berichten, müssen sie wählen zwischen:

Ich veröffentliche irrelevante Informationen,
aber erfülle meinen Vertrag.

Ich veröffentliche nichts und verletzte
damit meine vertraglichen Pflichten.

In unserer Welt wird permanent publiziert, berichtet, geplappert - das meiste davon ist aufgrund von Publikationszwang völlig irrelevant - das können wir nicht ändern. Für uns und unser individuelles Leben wirklich relevante Informationen finden dagegen immer ihren Weg zu uns. Daher dürfen wir unseren Umgang mit Nachrichten getrost optimieren.

Und diese Erkenntnis aus der Welt der Nachrichten dürfen wir gleichermaßen auf unser geschäftliches und persönliches Umfeld ausweiten.

Im geschäftlichen Umfeld werden Informationen meist über Reports an das Management gesteuert (quasi die "Management-Zeitung"). Im privaten Kontext sind es vorwiegend Unterhaltungen, in denen wir Informationen miteinander teilen.

Vor dem Hintergrund des Publikationsdilemmas dürfen wir uns in beiden Kontexten folgende zusammenhängende Fragen stellen:

- Ist meine Information Ebenen-gerecht? Also ist der Sachverhalt für meinen Adressaten aktuell überhaupt relevant oder eher unter "Sonstiges" zu verbuchen? Ein Unternehmensvorstand, der an "Der 2. Weltkrieg ist ausgebrochen"-News interessiert ist, muss nicht über den Wasserstand der Büropflanzen informiert werden.

- Ist der Sachverhalt eine rote Ampel/Flagge wert? In Phasen, in denen das Geschäft oder Projekte ruhig und sicher laufen, dürfen wir uns trauen, auch wenig auf "Seite 1" zu berichten. "Der Status ist grün. Das Projekt verläuft planmäßig", reicht völlig aus. Sind weitere Informationen gewünscht, kann nachgefragt werden. Gute Entscheider wissen diese Prägnanz zu schätzen.

- Ist der Informationsumfang angebracht? Muss ich die Information aus-detaillieren (was große Wichtigkeit impliziert) oder reicht eine kurze Darstellung? Dogmatisch definierter Umfang von Informationen führt meiner Meinung nach zu vielen irrelevanten Aussagen. Wenn ich z. B. festlege, dass die Tagesschau immer 15 Minuten zu dauern hat und eine Masterthesis aus mindestens 25.000 Wörtern bestehen muss, dann muss ich damit rechnen, dass hier gegebenenfalls viele Bedeutungslosigkeiten publiziert werden. Es wird viel "noise" (zu deutsch "Rauschen" - Beiträge mit wenig Informationsgehalt) produziert - also Lärm, der uns von der eigentlichen Melodie ablenkt.

- Ist der Zyklus des Reportings wirklich angebracht für die Flug-ebene meines Adressaten? Kommen im Projekt in der Regel einmal im Monat relevante Änderungen vor, ist kein wöchent-licher Statusbericht notwendig. Kommen überraschend in kürzeren Abständen Neuigkeiten, kann man immer noch ereig-nisbezogen berichten. Wir können uns von einigen Berichtszyklen (und somit der Publikationspflicht) befreien, wenn wir die notwendige Relevanzschwelle von Informationen genau definieren.

Hochgradig relevante Ereignisse von außen sind im Leben rar gesät. Lasst uns Alarmglocken im Journalismus, im Privaten sowie im Geschäftlichen nicht inflationär benutzen, sondern sie für die wirklich wichtigen Dinge aufheben. Das vereinfacht unser Miteinander und beruhigt uns individuell. Es ist nur die Spitze des Eisbergs der gesamten Informationen in unserem Leben tatsächlich entscheidend für uns. Kriegsausbruch, der Tod eines Familienmitglieds oder die Verletzung der Grundrechte sind Beispiele für die seltenen Nachrichten, die unsere volle Aufmerksamkeit verdienen und uns in Unruhe versetzen dürfen. Der Großteil des Informationsflusses darf unter der Wasseroberfläche direkt an uns vorbei laufen, weil er bedeutungslos für uns ist.

Ein tolles Beispiel für den richtigen Umgang mit der Publikationspflicht sind Telefonate zwischen meinem Vater und seinem besten Freund. Man hat sich nonverbal darauf geeinigt, dass man sich in bestimmten Abständen nach dem Wohl des Anderen erkundigt (wenn man so will, eine Publikationspflicht über den Gemütszustand). In Zeiten, in denen alles gut ist, dauern die Telefonate im Schnitt 21 Sekunden und lauten wie folgt (Gedächtnisprotokoll):

"Und… alles gut bei dir?"
"Jo, und bei dir?"
"Auch"
"Na dann bis bald"

Keine roten Ampeln, wo keine hingehören; keine fetten Überschriften, keine unnötigen Details - kein Noise. Wenn wirklich mal Not am Mann ist, muss nicht erst hinterfragt werden, ob die Information tatsächlich relevant ist. Echte Alarmsignale können beide dadurch sofort erkannt.

ESSENZ: Relevante von irrelevanten Informationen zu unterscheiden ist eine der entscheidenden Fähigkeiten unserer Zeit. Aus der großen Masse an Informationen, die täglich auf uns einströmen, gilt es die wirklich Relevanten zu selektieren und sich hierauf zu fokussieren. Alarmierende Nachrichten sollten nur als solche gelten, wenn sie eine bestimmte Reizschwelle an Relevanz für uns überschreiten. Hierzu ist es notwendig, Publikationspflicht zu erkennen und sich dieser zu entziehen. Künstlich mit Aufregung konfrontiert zu sein (ob privat oder geschäftlich), bindet unsere Aufmerksamkeit unnötigerweise. In Zeiten echter Aufregung können wir die Energie wieder gut gebrauchen.

Welchen Informationsflüssen folgst du, die im Grunde gar keine Relevanz für dein Leben haben? Welche Benachrichtigungen, Abonnements oder Reportings kannst du weglassen, um dich an deren Stelle auf die wenigen, tatsächlich Relevanten zu fokussieren?

32

ENTSCHEIDUNGEN TREFFEN

Erst wenn wir freie Hände haben, können wir Neues annehmen. Um unser Leben mit freien Händen leben zu können, dürfen wir gut im Entscheiden werden, da wir uns mit jeder Entscheidung von Dingen trennen. Genau deshalb fällt es uns manchmal schwer. Doch erst, wenn wir Dinge loslassen - uns von ihnen scheiden - machen wir uns für neue Möglichkeiten auf. Die Fähigkeit, Entscheidungen treffen zu können, entscheidet also darüber, wie offen und erfolgreich wir unser Leben gestalten. Daher kommen nun fünf Impulse, die deinen Entscheidungsmuskel stärken:

1. Optionen erkennen

Ob Organisationen, Teams oder Einzelpersonen, häufig scheinen wir in Dilemma-Situationen zu stecken. Ein Dilemma ist eine Situation, in der wir typischerweise zwischen zwei („di") Optionen wählen müssen, die im schlimmsten Fall beide nicht sehr wünschenswert sind. Doch wer sagt eigentlich, dass es nur die beiden Optionen gibt, die wir in Betracht ziehen? Hier kommt das Tetralemma ins Spiel. Dieses Modell hat seinen Ursprung in Indien und hilft uns, Entscheidungsoptionen zu sehen, die wir bisher vielleicht nicht auf dem Schirm hatten. Anstatt davon auszugehen, dass wir entweder Option A oder Option B wählen können, können wir fragen, ob es möglich ist, beides zu tun oder keines von beidem zu tun. Diese Sichtweise auf die aktuelle Herausforderung wird dann die Frage aufwerfen, ob es vielleicht sogar eine völlig andere Lösungsoption gibt, die nichts mit Option A oder B zu tun hat. Stehen wir vor einer Entscheidung, die sich nach Dilemma anfühlt, kann uns das Tetralemma als Denkwerkzeug helfen, nicht blind für unsere Optionen zu sein. Doch ein Bild sagt mehr als tausend Worte:

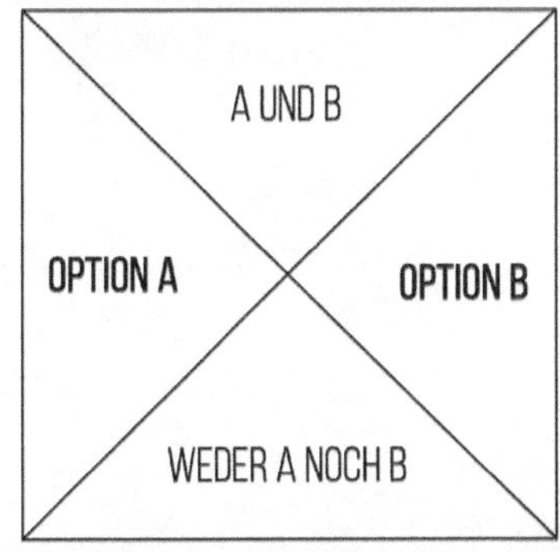

Ein konkretes Beispiel könnte so aussehen:

Entweder wir behalten den aktuellen Job (Option A) oder wir kündigen und finden einen neuen Arbeitgeber (OptionB). Neben diesen beiden Optionen eröffnet uns das Tetralemma noch beides zu tun, indem wir z. B. die Abteilung oder den Unternehmensbereich wechseln. Eine weitere Möglichkeit wäre es, ein Sabbatical zu nehmen und somit weder A noch B zu tun. Eine weitere Option wäre es, etwas völlig anderes zu unternehmen - z. B. das Leben in einer Selbstversorger-Kommune zu beginnen.

Bevor wir voreilig zwischen zwei Auswahlmöglichkeiten entscheiden, dürfen wir uns weiterer Handlungsoptionen bewusst machen.

2.   Erst das OB, dann das WAS, dann das WIE

Stell dir vor, du bereitest dich auf einen Marathon vor und fragst dich bei jeder Trainingseinheit, ob du es überhaupt wirklich machen sollst. Die teilweise langen Vorbereitungsläufe wirst du so nur mit gebremster Energie angehen. Auch wenn du dich mit Ausdauersport nicht identifizieren kannst, lässt sich das Beispiel auf alle anderen Entscheidungen in unserem Leben übertragen. Fangen wir mit etwas an und hadern dabei permanent mit der Frage, ob wir es überhaupt machen sollen, sind wir immer mit angezogener Handbremse unterwegs. Wenn es um das Treffen von Entscheidungen geht, bestimme zuerst, ob du etwas machen willst. Ist diese Wahl einmal getroffen, beschäftigst du dich mit dieser Frage nicht mehr. Selbstverständlich ist es wichtig, Dinge abzubrechen, wenn sie keinen Sinn mehr ergeben. Es geht hier darum, sich einmal ganz bewusst zu entscheiden, ob man etwas grundsätzlich tun möchte. Hierdurch wird die Identifikation mit dem Vorhaben stark und wir arbeiten mit mehr Einsatzbereitschaft daran.

Nachdem wir das OB entschieden haben, befassen wir uns mit dem WAS und erst dann mit dem WIE. Konkret kann das wie folgt aussehen:

Frage nach dem OB: Neuer Job: Ja oder Nein?

Frage nach dem WAS: Was für einen neuen Job möchte ich haben?

Frage nach dem WIE: Wie komme ich dorthin?

Diese Reihenfolge ist sehr wichtig. Wenn du so tickst wie ich, tendierst du dazu, dir direkt zu überlegen, wie du verschiedene Optionen umsetzen würdest. Der Haken hierbei ist, dass dies auf einer Detailebene ist, bei der uns viele kleine Herausforderungen einfallen, was uns von der Umsetzung abhält. Das WIE ist sehr fallspezifisch und darf daher zum Schluss bestimmt werden. Der wichtigste Schritt ist unsere Antwort auf die Frage, ob wir etwas grundsätzlich machen möchten oder nicht. Sich immer wieder die Frage zu stellen, ob wir etwas überhaupt tun möchten, während wir schon in der Umsetzung sind, hält uns zurück. Hast du einmal die Frage nach dem OB geklärt, geht es nur noch um die konkrete Ausgestaltung. Dass du etwas erfolgreich tun wirst, hast du dir schon beantwortet, alles andere wird sich ergeben.

3. Entscheidungskriterien

Gute, bewusst eingesetzte Kriterien für eine Entscheidung anzusetzen, ist essentiell, da wir sonst dazu tendieren, die aufdringlichsten oder emotionalsten Optionen zu wählen.

Ein wesentliches Entscheidungskriterium ist die Frage, ob etwas zu deinen individuellen Werten passt. Deine Werte kennst du übrigens ganz genau, ohne sie vielleicht direkt benennen zu können. Frage dich einfach, was dir im Leben wichtig ist - et voilà! Werte wie: Freiheit, Sicherheit, Macht, Ordnung, Toleranz, Disziplin, Ehrlichkeit, Nächstenliebe, Gesundheit, Weiterentwicklung, Treue etc. können deine Auswahl lenken. Du richtest jede deiner Entscheidungen also an deinen Werten aus. Passt der neue Job, mit dem ich liebäugle, zu dem für mich wichtigen Wert von fortwährender Weiterentwicklung? Wertbasierte Entscheidungsfindung sorgt dann dafür, dass jeder Entschluss zu dir passt.

Ein weiteres Entscheidungskriterium ist die Frage, mit welchen Nachteilen du leben kannst. Alles hat Nachteile - nichts ist perfekt. Dein Lebenspartner ist die Person, mit der du streiten wirst. Der Beruf, den du wählst, wird dich anstrengen. Das Auto, das du kaufst, wirst du reparieren müssen. Die Sonnenseiten der Partnerschaft, des Berufs, des Autos, genießen wir alle. Sie sind kein Unterscheidungsmerkmal. Die Frage ist, mit welchen Nachteilen sind wir bereit zu leben? Welche Option bringt welche Nachteile, die wir akzeptieren können? Du bist derjenige, der die Suppe auslöffeln darf. Jede Suppe ist in irgendeiner Form verwürzt - wähle eine, die dir trotzdem schmeckt. Befasse dich mit den Nachteilen deiner Handlungsoptionen, denn diese werden dir schnell aufzeigen, in welche Richtung du gehen möchtest.

Ein drittes Entscheidungskriterium kann der ethische Imperativ von Heinz von Förster sein: "Handle stets so, dass die Anzahl der Wahlmöglichkeiten größer wird." Entscheide dich also dafür, Richtungen einzuschlagen, in denen sich deine Handlungsoptionen vergrößern. Wo Wahlmöglichkeiten bestehen, gibt es Freiheit und nur wer immer auch anders handeln könnte, kann eigenverantwortlich handeln.

4.   Bewusst Entscheiden

Wichtig ist, sich bewusst und aktiv zu entscheiden, egal ob für oder gegen etwas. Wähle bewusst das, was du wählst und hast. Man kann nicht nicht entscheiden. Denn wer sich vermeintlich nicht entscheidet, entscheidet sich für den Status quo - also auch für die Stagnation. Da es eine Illusion ist, dass sich nichts in unserem Leben verändern wird, kommen irgendwann Dinge von außen, die uns zu Veränderung zwingen. Es wird auf diese Weise für uns entschieden, wodurch wir scheinbar zum Spielball von äußeren Einflüssen werden. Entscheidungen treffen gibt uns mehr Verantwortungsgefühl und damit mehr Selbstbewusstsein. Selbst wenn du keine klaren Ziele im Leben hast, ist es daher wichtig, dass du bewusst wählst. Wenn du klare Ziele hast, wird darüber hinaus wichtig, was du wählst, da du eine bestimmte Richtung anstrebst.

5. Rückschaufehler

Hinterher ist man immer schlauer. Schauen wir auf eine Entscheidung zurück, sehen wir die Dinge oft verzerrt. Hierhinter steckt der sogenannte Rückschaufehler. Er sorgt dafür, dass wir die Vorhersagbarkeit eines Ereignisses nach dessen Eintritt überschätzen. Läuft etwas anders als gedacht, berührt das rückwirkend nicht zwingend die Qualität unserer Entscheidung. Ob wir mit unserer Wahl hadern oder uns bestätigt fühlen: Wichtig ist, was wir zum Zeitpunkt der Entscheidung wussten. Anders gesagt: Lass die Ergebnisse deiner Entscheidungen in der Rückschau nicht deinen Entscheidungswillen beeinflussen. Ob du eine gute Entscheidung getroffen hast oder nicht, kannst du im Grunde nur zu dem Zeitpunkt beurteilen, an dem du sie getroffen hast. Du kannst die Zukunft nicht vorhersehen, sonst wäre das Treffen von Entscheidungen deutlich einfacher.

ESSENZ: Ent-scheidung - ist die Fähigkeit, sich bewusst von Dingen zu trennen, um für Neues offen zu sein. Sie entscheidet darüber, wie offen und erfolgreich wir unser Leben gestalten. Im ersten Schritt dürfen wir hierzu unsere Handlungsoptionen bewusst identifizieren. Entscheide dann zuerst das Ob, dann das Was und dann über das Wie, um dich nicht im Kreis zu drehen. Wesentliche Entscheidungskriterien dürfen deine Werte sein und die Nachteile, die eine Option mit sich bringt. Die Qualität deiner Entscheidungen kannst du nur daran messen, was du zum Zeitpunkt der Entscheidung wusstest. Das bewusste Treffen von Entscheidungen gibt uns Eigenverantwortung und mehr Selbstbewusstsein.

Welche gute Entscheidung hast du in letzter Zeit getroffen und woran machst du das fest?

33

NULLSUMMENSPIELE

Was muss passieren, damit du gewinnst? Denk' ruhig einen Moment drüber nach, bevor du weiterliest.

Kam dir in den Sinn, dass dafür jemand anderes auch verlieren muss? Falls ja, lohnt es sich in den folgenden Zeilen einmal mit mir gemeinsam genauer hinzusehen.

Viele Menschen gehen unbewusst mit einer Gewinner-Verlierer-Denkweise in Situationen. Der zugrunde liegende Glaube: Damit ich gewinnen kann, muss jemand anderes verlieren. In der Spieltheorie wird ein solches System Nullsummenspiel genannt. In einem solchen Nullsummenspiel kann der Gewinner nur exakt so viel gewinnen, wie der Verlierer verliert. Das Spiel geht in Summe also immer auf Null aus.

Es gibt verschiedene Gründe, warum wir diese Denkweise als Standardzustand in uns tragen. Um nur drei zu nennen:

- Aufwachsen in einem Umfeld mit sehr begrenzten Ressourcen: Wenn du mit 47 Geschwistern aufgewachsen bist und es nur einen Laib Brot zum Abendessen gab, hast du "Win-Lose"-Situationen auf existenzieller, physischer Ebene beigebracht bekommen.

- Bildungssystem:
  In vielen Schulen und Universitäten wird Wettbewerb vor Kollaboration gestellt. Die meisten Lehrer und Professoren sind nur gewillt, eine bestimmte Anzahl Einser zu verteilen. Ich erinnere mich an Hochschulprofessoren, die gesagt haben: "Diese Arbeit wäre eigentlich eine Eins gewesen, aber da die Noten im Kurs normalverteilt sein müssen, kann ich Ihnen dieses Semester nur eine Zwei geben. Sorry, aber die Noten müssen auf eine Glockenkurve passen." Ich würde das als künstliche "Noten-Verknappung" bezeichnen, die eine "Win-Lose"-Denkweise kreiert.

- Botschaften in den Medien:
  Viele TV-Formate fördern eine "the winner takes it all" Botschaft.

Unabhängig von der Casting- oder Game-Show, die man sich anschaut, die Nachricht ist dieselbe:

Wo es einen Gewinner gibt, da muss auch ein Verlierer sein.

Es lohnt sich, die Gewinner-Verlierer-Denkweise abzulegen. Wenn du gesunde und langfristige Beziehungen aufbauen möchtest, stelle sie dir als kooperatives Spiel vor - als "Nicht-Nullsummenspiel". In einem solchen Spiel können die zusammengenommenen Gewinne und Verluste der Spieler größer als null sein. Es können mehrere Spieler oder alle gewinnen - eine Win-win-Situation. Man muss also nicht überall um limitierte Ressourcen kämpfen, sondern kann ein Umfeld schaffen, in dem es genug für alle gibt. Anders gesagt: Teile den Kuchen nicht auf, sondern backe einen weiteren!

Der Begriff Win-win-Situation wird häufig verwendet, wenn zwei Parteien einen Kompromiss ausgehandelt haben - das ist jedoch nicht richtig. Bei einem Kompromiss werden gegenseitig Zugeständnisse gemacht. Das heißt, dass alle Parteien auf etwas verzichten oder etwas akzeptieren, das sie eigentlich nicht wollen. Ein Kompromiss entsteht demnach in Kontexten, in denen nicht genug Raum dafür ist, jeden voll zu befriedigen. Denken wir bei Win-win an ein Nicht-Nullsummen- spiel, sind wir mit Klarheit unterwegs und ordnen den Begriff richtig ein - nämlich da, wo jeder tatsächlich gewinnt.

Es geht nicht nur darum, andere nicht unter deinen Gewinnen leiden zu lassen, sondern vielmehr darum, es ihnen möglich zu machen, auch zu gewinnen, während du gewinnst. Du kreierst so einen Doppelsieg. Netter Nebeneffekt ist, dass es sich allzu gut anfühlt, wenn dein Umfeld auch erfolgreich ist.

Ein gutes Beispiel sind zwei der berühmtesten Künstler der Welt. Elvis Presley und Frank Sinatra sollen sich zu Beginn als Konkurren- ten gesehen und geprägt von dieser Sichtweise sogar negativ übereinan- der gesprochen haben. Sie glaubten, um eine begrenzte Zuhörerschaft zu buhlen. In den 1960er-Jahren erkannten dann beide, dass sie sich gegenseitig nicht die Fans stehlen, sondern dass ihre Fangemeinden kompatibel waren. Oder anders gesagt: Ein Sinatra-Fan, der auch Elvis hörte, kaufte deshalb nicht weniger Platten von Sinatra und umgekehrt. Sie sangen Lieder des jeweils anderen und traten vereinzelt sogar gemeinsam auf. Da sie jetzt gedanklich nicht mehr im Nullsummenspiel unterwegs waren, konnten sie sich für Verhaltensweisen öffnen, die die Zuhörerkreise beider haben wachsen lassen. Sie machten sich gegenseitig noch erfolgreicher und das ohne Kompromiss - ein Doppelerfolg.

Es ist eine Frage der Denkweise und der daraus resultierenden Herangehensweisen, die es dir erlauben, in Nicht-Nullsummenspielen unterwegs zu sein. Weiter gedacht: Wenn wir Win-win-Situationen herbeiführen möchten, hilft es, die Agenda der anderen Person zu kennen. Um andere auch gewinnen lassen zu können, ist es wichtig zu wissen, was denn ein Gewinn aus ihrer Sicht ist. Hier hilft es, das Gegenüber einfach zu fragen: "Was willst du erreichen? Wann hast du hier gewonnen?" Auf diese Weise findest du nebenbei auch heraus, ob dein Gegenüber in Win-lose- oder Win-win-Modellen denkt. Trifft ersteres zu, gibst du einfach dieses Kapitel als Leseempfehlung weiter.

Versteh' mich nicht falsch – es gibt Szenarien, in denen Win-lose-Situationen unumgänglich sind (z. B. Verhandlungen um knappe Rohstoffe oder Fußballturniere). Hier mag es notwendig sein, jemand anderen verlieren zu lassen. Der Punkt ist: Mache niemanden zum Verlierer, es sei denn, du hast es dir bewusst überlegt. Lass' andere nicht verlieren, nur weil du annimmst, dass es so sein muss. Wenn deine Standard-Denkweise ein Nicht-Nullsummenspiel ist - du also in Win-win-Szenarien denkst - erweitert das deinen Horizont, weil du mehr Handlungsoptionen wahrnimmst.

ESSENZ: Aus verschiedenen Gründen haben wir häufig eine Gewinner-Verlierer-Denkweise. Doch es muss nicht immer jemand verlieren, damit wir gewinnen können. Schaffen wir es, Situationen als Nicht-Nullsummenspiel zu sehen, können alle gewinnen. Nicht-Nullsummenspiele sind keine Kompromisse, sondern Kontexte, in denen die zusammengenommenen Gewinne und Verluste aller Beteiligten größer als null sein können. Eine Win-win-Denkweise ändert unsere grundsätzliche Herangehensweise, erweitert unseren Horizont um vermehrte Handlungsoptionen.

Wo glaubst du nur gewinnen zu können, wenn ein anderer verliert? Könnte diese Situation zum Nicht-Nullsummenspiel gewandelt werden?

DANKE AN:

Meine Partnerin Ann-Katrin Janiec für Inspiration, Liebe, Leben und Lektorat.

Anna Horwedel und Thomas Nöller für ihre Expertenimpulse.

Meine Familie, die mich bei all meinen Vorhaben unterstützt.

Meine Freunde und Kollegen, die mir die Erkenntnisse in diesem Buch eröffnet haben.

Dich. Danke, dass du deine Lebenszeit mit den Zeilen in diesem Buch verbracht hast - dafür habe ich es geschrieben.

ÜBER DEN AUTOR

AXEL JANIEC

ist als Autor und Trainer auf die Themen Organisations-entwicklung, Zusammenarbeit in Teams und die Funktionsweise von Arbeitssystemen spezialisiert.

Der Betriebswirt, Ökonom und Ex-Unternehmensberater ist Mitgründer und Geschäftsführer des „AJARI Instituts für Kommunikation und Weiterbildung".

Zu seinen Spezialgebieten hält er regelmäßig Vorträge und Seminare in ganz Deutschland in Unternehmen sowie Hochschulen und staatlichen Institutionen.

Janiec lebt mit seiner Familie in Bayern.

Weitere Informationen unter www.ajari-institut.com.

REFERENZEN

1   Vgl.: https://www.spektrum.de/lexikon/psychologie/ambivalenz/747

    Zur Abgrenzung der therapiebedürftigen Ambivalenz / Ambivalenz als Be
    gleiterscheinung von psychischen Störungen, siehe: https://lexikon.stangl.
    eu/18759/ambivalenz

2   „A map is not the territory it represents, but, if correct, it has a similar struc
    ture to the territory, which accounts for its usefulness." Korzybski, Alfred:
    Science and Sanity (1933), Edition:Institute of General Semantics, 1995, p. 58.

3   Zu Verschwörungstheorien siehe: Nöller, Thomas (2021), Verschwörungs-
    theorien und Fake News - Untersuchungen unter dem Fokus systemischen
    Denkens und Handelns, 1. Auflage, Wiesbaden.

4   Ein weit verbreitetes Modell, was sich mit der Kategorisierung verschiedener
    Kontexte befasst, ist die Stacey-Matrix, die auf den Organisationstheoretiker
    Ralph Stacey zurückgeht. An dieser Stelle wird hierauf nicht weiter eingegangen.
    Das Modell kann jedoch interessant zur weiteren Vertiefung sein.

5   Die nachfolgenden Ausführungen basieren auf dem Cynefin-Modell von Dave
    Snowden. Hier ist es vereinfacht und angepasst dargestellt.

6   Selbstverständlich lehne ich solche Gewalteinwirkungen auf Hunde vehement
    ab. In diesem Beispiel benötigen wir jedoch zwingend ein lebendes Objekt. Je
    emotionaler die Dinge sind, desto besser können wir sie uns merken, daher
    habe ich aus didaktischen Gründen einen Hund gewählt. Ein Baby war selbst
    mir zu makaber.

7   Hoxby, Caroline (National Bureau of Economic Research), Peer Effects in the
    Classroom: Learning from Gender and Race Variation, https://www.nber.org/
    papers/w7867, abgerufen am 10.09.2022

8   Der Begriff „Autopoietische Systeme" ist von Humberto Maturana geprägt.
    Siehe: Francisco J. Varela, Humberto R. Maturana, and R. Uribe: Autopoiesis:

The organization of living systems, its characterization and a model. In: Biosystems. 5, 1974, S. 187–196.

Weiterführende Literatur zum Thema:

- Luhmann, Niklas (1984), Soziale Systeme: Grundriß einer allgemeinen Theorie. Frankfurt.

- Zeleny, Milan (1981), Autopoiesis: A Theory of the Living Organizations. New York.

- Zeleny, Milan (1981), What is autopoiesis? In: Zeleny M. (ed.) Autopoiesis: A theory of living organization. Elsevier North Holland, New York NY: Seiten 4–17.

9   Über den Begriff der Autopoiesis gibt es viele Diskussionen. Maturana (auf den der Begriff zurückgeht) und Luhmann (siehe Literatur oben) sind sich beispielsweise nicht einig, ob Organisationen als autopoietisch bezeichnet werden können, oder ob sich der Begriff ausschließlich auf neuronale Abläufe bezieht. Autopoiesis wird in diesem Buch so verstanden, wie im Kapitel nach Luhmann definiert.

10   Europäische Union: https://european-union.europa.eu/principles-countries-history/principles-and-values/aims-and-values_de, abgerufen am 18.06.2022

11   Neubäumer, Renate (2011), Eurokrise: Keine Staatsschuldenkrise, sondern Folge der Finanzkrise, Wirtschaftsdienst, 91. Jahrgang, Nummer 12, Heidelberg, S. 827-833.

12   Arkes, Hal R.; Blumer, Catherine (1985), The psychology of sunk cost. Organizational behavior and human decision processes, 35. Jg., Nr. 1, S. 124-140.

13   Das Buch "Why we sleep" von Dr. Matthew Walker geht auf die Titelfrage ein und erklärt brillant, wie uns richtiger Schlaf gesünder, sicherer, klüger und produktiver leben lässt.

14   Dennett, Daniel (2013), Intuition Pumps and Other Tools for Thinking. W.W. Norton, E-Book Location 639.

15   Der Kreislauf wird so ähnlich in Fumio Sasakis Buch "Das kann doch weg!" (2021), Taschenbucherstauflage), in Kapitel 2 und auf S. 231 ff beschrieben.

16   Harald Mansmann blogt: https://www.22prozent.de/ und führt erfolgreich drei Unternehmen: https://www.devorg.de/, https://www.agile-coachings.de/ und https://www.motec-data.de/

17   Erikson, Thomas (2019), Surrounded by idiots, London, S. 191-194.

18   Es gibt viele weitere Typologiemodelle wie z. B.:

- Das Team-Management-System nach Charles Margerison und Dick McCann, welches sich auf das Verhalten im Arbeitskontext fokussiert.

- Die von Carl Gustav Jung entwickelten psychologischen Typen, die durch den Myers-Briggs-Typenindikator erfasst werden können.

- Das empirisch fundiertere Fünf-Faktoren- oder OCEAN-Modell

19   Wer musikalisch etwas versiert ist und diese Erfahrung nachempfinden möchte, dem empfehle ich, sich ein Live-Konzert von Mnozil Brass anzuschauen und sich insbesondere auf die Performance von Thomas Gansch zu fokussieren.

20   Jones, E. E. (1989), The framing of competence. Personality and Social Psychology Bulletin, 15(4), 477–492.

21   Thomas Gilovich, Victoria Husted Medvec, Kenneth Savitsky, The spotlight effect in social judgment: An egocentric bias in estimates of the salience of one's own actions and appearance. In: Journal of Personality and Social Psychology. S. 211-222, 2000

22   Von Ralf Dobelli in seinem Buch "Die Kunst des Klaren Denkens" dargestellt

23   McKeown, Greg (2014), Essentialism, 1. Auflage, Virgin Books. Auf den Seiten 11-16 drückt McKeown anders aus, was ich in diesem Kapitel in meinen Worten versuche auszudrücken.

24   Hopkins EJ et al. (2016), The seductive allure is a reductive allure: People prefer scientific explanations that contain logically irrelevant reductive information, Cognition, 155:67-76.

25   Beck, Hennig (2023), 12 Gesetze der Dummheit, S. 184.

www.ingramcontent.com/pod-product-compliance
Lightning Source LLC
Chambersburg PA
CBHW051254250726
48656CB00004B/1278